CAPITAINE TROY

UNE ENFANCE AU TEMPS DU GÉNÉRAL

Stéphane Denis

Capitaine Troy

Une enfance au temps du Général

récit

Fayard

Il n'y avait pas d'autoroute autrefois, ni ces supermarchés au bord de la nationale 206. Mais le garage Franco-Suisse est toujours là. Il était fermé quand je suis arrivé. Peut-être à cause de la Pentecôte. Il semble abandonné, ou très vieux.

En 1961, une Alfa Romeo Touring Spider était garée tous les matins à l'angle de l'avenue de Corzent. Quand je descendais de l'Office Franco-Allemand, je la guettais de l'avenue du Général Leclerc. Dans la journée elle disparaissait. Le lendemain elle m'attendait. Elle était plus bordeaux que rouge, et c'était une voiture de femme ; il y avait des ballerines devant le siège du conducteur. Les femmes avaient des talons hauts au début des années soixante. Elles changeaient de chaussures pour conduire.

Pour aller à Thonon-les-Bains, on peut prendre par les bords du lac après avoir traversé Genève ; ou bien la nationale 206 puis la nationale 5, à droite du château de Douvaine. Il y a encore beaucoup de prés, de verdure. Et les grandes villas empêchent toujours de voir le lac, du côté de Corzent.

Je me suis souvenu que le garage Alfa Romeo était avenue de Senevullaz, et pourtant à cette époque je n'avais pas d'Alfa Romeo. J'avais douze ans, j'étais dans une ville inconnue, il faisait beau et je m'étais échappé du cours de l'Office Franco-Allemand.

Je ne sais pas pourquoi on m'y avait envoyé. Sans doute à cause de ce trimestre interrompu, comme tant d'autres ; on a déclaré que j'étais impossible. J'ai l'habitude. Aucun lycée ne m'acceptera avant la rentrée, et où serons-nous, à la rentrée ? Pour le moment mon père est en Suisse.

Ma mère l'a accompagné, avec ma sœur. Moi, je suis à Thonon-les-Bains, inscrit pour deux mois à l'Office Franco-Allemand de la Jeunesse, pour apprendre la langue. Il paraît que c'est le bon moment et qu'il sera indispensable, plus tard, de savoir l'allemand. Pourquoi ? Ils vont nous envahir de nouveau ?

Nous sommes arrivés par le car après un voyage interminable. Sur place les Allemands nous attendaient. Nous, nous sommes les Français. Les Allemands sont plus vieux. Plus grands. Il y en a qui se rasent. Nous nous détestons d'emblée. Naturellement il y a les collabos. Ils sont venus manifester des sentiments fraternels. Je suis bien certain que je n'en serai pas.

Je n'ai rien contre les Allemands, bien sûr. Ils ont gagné la guerre. Après, ils l'ont perdue.

L'Office Franco-Allemand est composé de baraquements américains. Ça résume bien. Il y a aussi un bout de lycée, pour nous changer. C'est un vieux lycée désaffecté, ou les élèves sont en vacances. L'odeur n'a pas eu le temps de disparaître.

Je ne me souviens plus de la date de mon arrivée. C'était presque en été ; il faisait beau tous les jours, d'un bleu pâle comme celui du lac.

Le deuxième jour je me suis caché au moment où la jeunesse franco-allemande entrait en classe, et j'ai descendu le boulevard de Savoie. Le matin nous avons cours ; l'après-midi, des activités sportives. Nous pouvons aussi aller en ville en groupe. Ils n'ont pas l'air de vérifier beaucoup. Un petit Français de plus ou de moins ne va pas contrecarrer la politique du général de Gaulle et du chancelier Adenauer.

L'Office Franco-Allemand a cédé la place à un groupe scolaire construit vers 1980. Peut-être abrite-t-il d'autres stages, d'autres tentatives de rapprochement ? En 1961, j'avais plus urgent à faire : je descendais vers le centre d'une ville inconnue.

Cela n'a pas été difficile de retrouver la route de Corzent. Il y a aujourd'hui une rue piétonne à Thonon-les-Bains, mais on se retrouve toujours devant l'hôtel de ville et son « splendide panorama sur le lac Léman ». Quand je suis arrivé il n'y avait personne, sauf un garçon d'une vingtaine d'années qui a ôté sa chemise et s'est roulé un joint. Il avait un aigle tatoué dans le dos. Les ailes recouvraient ses omoplates et quand il bougeait les bras l'aigle s'envolait.

Près de la rambarde, il y avait un de ces appareils qui permettent de voir loin ; en m'aidant de la table d'orientation j'aurais pu distinguer les collines de Rolle où mes parents avaient loué une maison, cet été-là.

Il fallait mettre vingt centimes pour regarder dans ces appareils, autrefois. Je ne l'ai sûrement pas fait. J'avais très peu d'argent de poche et je ne savais pas ce qu'était Rolle ni la Suisse. Je voyais juste le lac tranquille ; et le petit port, en contrebas de l'hôtel de ville. Je me souviens que j'ai pris le funiculaire à côté du Jardin Anglais. Il ne s'appelle plus le Jardin Anglais, mais le Jardin Paul Jacquier. Et le Jardin Anthoniaz s'appelle maintenant le Jardin du Château de Sonnaz. Je ne sais pas pourquoi on les a débaptisés. Ce qu'ont fait les anciens titulaires pour mériter ça.

J'ai tourné à gauche devant le port, juste à côté du Château de Montjoux. Il ne faut pas que vous pensiez à de grandes bâtisses, à des tours, des ponts-levis. Ni à des parcs à la française. Ce sont simplement de grosses maisons.

Le nom m'était familier. Montjoux. Mes parents avaient une amie, autrefois, ou plutôt mes grands-parents. Entre les deux. Elle s'appelait Alice de Montjoux et avait été une égérie de la IIIe République. Plus tard elle a protégé un futur ministre de la Cinquième. Je ne dirai pas son nom. Elle lui a même trouvé une épouse. La fille d'un prince d'Empire. Un beau couple. Le jour du mariage mon père et mon oncle l'ont emmenée de force faire le tour de Paris dans le chemin de fer de Ceinture. Elle avait changé d'avis, elle voulait aller à l'église jouer du revolver. C'est le genre d'histoire qu'on racontait chez mes parents, l'année où nous avons quitté Paris pour une série de villes inconnues qui se ressemblaient toutes.

J'étais guidé uniquement par ma mémoire. Même ce nom de Corzent, je ne l'avais pas cherché dans un vieil agenda ni sur une carte. On m'avait donné un agenda pour ma première communion, un agenda Hermès. Ma marraine, qui était très riche. J'ai gardé cet agenda, qui est tout usé, mais je n'en ai pas eu besoin. Je ne prends pas de notes, je n'ai besoin de rien. Je n'ai demandé à personne, je n'ai pas acheté de plan de Thonon-les-Bains. En arrivant au port de Rives j'ai su que je tournerais à gauche vers l'avenue de Corzent et que je prendrais, en haut de la rue qui grimpe jusqu'au boulevard de la Corniche, le petit chemin des Clerges. C'est au bout du chemin des Clerges que j'avais trouvé la plage des Galets, en 1961.

Il y a une toute petite presqu'île sur le lac, et puis en décroché la carcasse en béton que les Annaz avaient transformée en bar-restaurant. On a coupé les arbres qui protégeaient la plage du regard des passants, sur le chemin ; mais les filles ne retiraient pas leur soutien-gorge, à cette époque. Elles baissaient les bretelles, ou se retournaient avant de détacher les agrafes dans le dos.

Un bateau quittait l'embarcadère de la CGN ; il allait à gauche vers Anthy, Yvoire et Nyon, de l'autre côté du lac.

La plage des Galets n'existe plus. Je crois qu'elle n'avait pas d'existence légale. On était moins regardant, en ce temps-là. C'était juste un endroit où allaient les adolescents quand il faisait beau sur le lac. Elle est aujourd'hui défendue par un grillage. Sur un panneau aux armes de la ville, on peut lire : « *Service municipal des Sports. Base Nautique des Clerges. La baignade est interdite.* »

Il y avait d'autres plages, beaucoup plus grandes et tout à fait officielles. Je me souviens de la plage municipale, sur le quai de Ripaille. C'est là qu'allaient les élèves du stage Franco-Allemand pour la Jeunesse.

J'ai déjeuné à la Brasserie des Arts à côté d'une fontaine qui a un air italien. Les patrons sont très jeunes, très gentils. Il s'appelle Philippe ; elle est du pays. Elle espère que les Thononais ne vont pas partir au diable, cet été. Quand ils restent, il y a un peu de monde. Autrement elle me dit que Thonon-les-Bains n'a sûrement pas bougé. Rien ne bouge jamais, ici.

Je suis allé acheter *Le Nouvel Obser-vateur* à la Maison de la Presse qui est encore à la même place. Enfin, je le crois. J'achetais souvent un journal, en 1961. On devait croire que c'était pour mon père et qu'il changeait souvent d'opinion, parce que je changeais souvent de journal. Celui qui disait le plus de mal du général de Gaulle était l'*Aurore*. Je lisais les articles du *Monde* qui était très noir, un peu baveux, dans le funiculaire. Et quand j'arrivais à la plage des Galets avec mon journal, Béatrice Annaz disait : « Voilà mon étudiant. »

J'avais rodé ma technique, chez les Franco-Allemands. J'assistais au premier cours, celui qui ressemblait à une classe ordinaire. Ensuite je descendais vers le funiculaire pendant que chacun, là-haut, était censé s'exprimer librement dans la langue de l'autre.

Arrivé devant la statue de Dessaix « le Bayard de la Savoie », j'hésitais à prendre le funiculaire. Je n'avais pas d'argent pour déjeuner au restaurant des Annaz ni louer un pédalo. J'aurais eu l'air fin sur mon pédalo.

Les premiers jours, j'essayais d'apprendre la ville par cœur. C'était comme une composition : la rue de l'Annexion qui donne dans la rue de la Paix.

Quand je choisissais d'aller à la plage, je restais à lire ou à regarder les amis de

Béatrice Annaz sauter à l'eau ou danser sur leur musique entraînante. Elle servait les clients en été, mais ces clients étaient ses copains de l'Institution Saint-Joseph.

Si je n'allais pas à la plage, je marchais boulevard de la Corniche ou avenue d'Évian. J'allais au garage Alfa Romeo, avenue de Senevullaz. Je regardais le panneau : « *Genève 33 kms 5* ».

Si j'avais été un gentil garçon, j'aurais été en face, dans les collines de Rolle ou sur la plage de Lausanne, avec ma sœur. Mais je n'étais pas un gentil garçon puisque j'avais été renvoyé. Et je n'étais même pas certain que ma mère et ma sœur soient de l'autre côté du lac. Peut-être mon père avait-il été appelé ailleurs, peut-être étaient-elles parties avec lui ? J'en avais l'habitude, de ces départs soudains.

Je ne suis pas vieux, mais j'ai une histoire.

1958. Je vais à l'école entre deux gendarmes. Mon père a reçu des menaces. Il fait des choses mystérieuses, il gouverne la France. Nous n'avons pas le droit d'ouvrir le courrier, la porte, la bouche devant des inconnus. Ça tombe mal, parce que je viens de me faire renvoyer. Deux fois dans le semestre, ma mère trouve que j'exagère. Que va-t-on faire de moi ? Peut-être le général de Gaulle trouvera-t-il une solution. Ma mère compte sur son retour au pouvoir pour que les Jésuites m'acceptent à Sainte-Croix. Rien n'est moins sûr. La croix, ils l'ont faite sur moi et Chaban a dit l'autre jour à Papa que le Général ne reviendra jamais. C'est foutu.

Il fait beau, un bleu magnifique. Le cours privé où va ma sœur veut bien m'accueillir jusqu'aux grandes vacances. On est en mai. Je passe mes journées à écouter piailler les filles. Elles me regardent en gloussant. Je lis mon livre d'histoire. Louis XI et Philippe le Bel vont sauter sur Paris. Ma sœur marche à côté de moi, entre les deux gendarmes. Je joue au condamné à mort. Je cherche des phrases définitives. J'ai éliminé les membres de ma famille en les empoisonnant. Pour rien. Comme ça. Je suis une mauvaise nature. On va m'exécuter. Je penche pour la fusillade. La guillotine, très peu pour moi. Je ne dirai rien, je les regarderai avec un sourire indéfinissable. Comme saint Louis de Gonzague qui a continué de jouer à la balle.

Sale bêcheur.

Ma sœur a les yeux en l'air. Je sais à quoi elle pense. Elle est sainte Blandine marchant au supplice. On lui a promis des robes de chez Christian Dior, un ami de Maman, pour qu'elle renonce à sa foi. Pas question. Dans cinq minutes, elle sera dévorée par les lions.

Les gendarmes sentent le gendarme : le ceinturon, le saucisson.

Mon père téléphone à des gens qu'il appelle par leurs prénoms. Il y a Jacques, Roger, Georges, Michel et Olivier. Plus tard, ils seront tous ministres. Il y en aura même un qui sera président de la République. On voit aussi des militaires. Le plus amusant est le colonel Gribius. Il commande un régiment de chars. Il fait chauffer les moteurs. Il va foutre les députés à la Seine. Il vient dîner. Je lui demande si je peux venir avec lui. Je lui demande combien il y a de députés. Est-ce qu'il va tirer les coups de canon sur la Chambre ? Ma mère me dit d'aller dans la mienne. Il ne faut pas embêter les grandes personnes quand elles vont prendre le pouvoir.

Tout le monde est blême. Les maîtresses, les ministres, le pharmacien. Ils pètent de trouille. Ce sont des radicaux. Il y a aussi des socialistes et des MRP. Maurice Schumann, qui est MRP et qui me raconte *Babar* d'une si belle voix, dit à maman qu'elle exagère. Il n'y a pas que du mauvais chez les démocrates-chrétiens. Je suggère qu'on n'en fusille que la moitié.

Il y a un déjeuner clandestin à la maison avec Olivier et monsieur Papon. Olivier est un grand jeune homme au sourire doux, qui donne l'impression d'avoir du mal à se réveiller. Il travaille avec le général de Gaulle. Il est son Olivier le Daim, son écuyer tranchant. Il s'ennuie à la Boisserie où nous sommes allés en février. Monsieur Papon est préfet de police. Il récite des tirades de théâtre. Il promet tout ce qu'on voudra. Il n'est pas encore le bras droit d'Hitler, ça viendra bien plus tard. Je le compare à mon cher Nicolas de la Reynie. Je le trouve bien léger, pour un préfet de police.

Je ne lis pas les journaux, mais nous écoutons la radio. Il y a aussi la télévision, grande innovation. On voit des types monter et descendre le perron de l'Élysée. Monsieur Coty a l'air d'une chambre à air qui se dégonfle. On ne voit jamais de typesses. La politique, c'est pour les hommes.

Il y a des manifestations, des cars de police rue Washington. Avec la bonne, nous allons au cinéma voir un film de Stanley Donen. Nous rentrons par un long détour pour ne pas être violés par le FLN. Ma sœur pleure les occasions perdues.

Ça ne peut pas durer. Le régime est par terre. Mon père dit que n'importe qui pourrait le ramasser. Il rit, il n'a jamais l'air inquiet. Je le trouve très beau. Il me dit « Bonjour, lapin » et il va sauver la France. Il roule en Citroën.

Je me suis à nouveau fait renvoyer du lycée. On en a trouvé un mais ça n'a pas marché. J'ai mauvais esprit. L'Algérie s'est installée chez nous. Le général de Gaulle a fait la tournée des popotes mais les militaires ne l'aiment plus. On est cocus, a dit le général Dulac à maman. Il est grave, il a des remords, il a l'air de Mermoz. Il y a autant de dîners qu'avant. Tout le monde s'engueule. Surtout les officiers. Mon père est désolé. Il rit toujours, mais ne finit jamais ses rires. Il rentre tard. Olivier, Michel, Georges, Roger et Jacques sont des dieux lointains. Ils sont ducs et pairs, règnent sur des provinces. Olivier vient dîner. Il y a aussi Michel qui s'emballe. Il me fait des cours d'histoire de France. Il est le premier ministre. Je le vois à la télévision. Il me donne un livre de Labiche. J'apprends par cœur *Un chapeau de paille d'Italie*, pour lui faire la surprise.

C'est lui qui nous la fait. Les parachutistes vont sauter sur Paris. J'aime les parachutistes presque autant que les chars de mon ami Gribius. J'ai un cousin, Philippe, qui se bat en Algérie. Il a fait l'Indochine. Il est en permission. Moi, je n'en ai pas beaucoup. Il a une TR3 grise. Je lui demande combien il a tué de fellaghas. Il m'apprend le maniement du P.M. Manufrance. Ça ne vaut pas grand'chose. Je le lui dis. Il est d'accord. Il a aussi une carabine américaine, épatante. Il me la donne. Il repart. Nous prions pour lui le dimanche.

Le Général lâche l'Algérie au moment où je commençais à me faire une idée : « *Alger, Constantine, Oran, ce sont trois départements* ». Tu parles. Papa est allé là-bas sans nous. Trop dangereux. Ma mère lui écrit tous les jours. Qu'est ce qu'elle peut bien lui dire ?

Il revient en coup de vent. Les parachutistes ne sautent toujours pas. Au début, je regarde, la nuit, par la fenêtre du couloir du haut, celle qui donne sur l'avenue Georges Mandel. Encore un nom de rue. Ensuite je ne regarde plus. Les parachutistes, ça ne vient jamais.

La nuit du putsch, je ne ferme pas l'œil. Maman est au téléphone. Ma sœur se reprend à espérer. Elle est persuadée qu'elle va soigner les blessés. Elle me regarde de haut. Elle a deux ans et demi de plus que moi. Devant les grandes personnes, elle ne parle pas aux petits.

Le Général a gagné. Le temps se gâte.

On va de nouveau en classe entre deux gendarmes. Je les appelle Ouvrez-l'œil et Lebon. À la télévision, tous les soirs, il y a un attentat OAS. Nous quittons Paris pour la campagne, sauf mon père. Chez mes grands-parents, je joue au foot avec de nouveaux cousins. Ils ressemblent à Philippe, ils ont des cheveux courts, des blazers qui leur vont mal. Je ne les avais jamais vus auparavant. Il y en a un qui a un Lüger. Ma sœur se trompe et dit un Himmler. Ils arrivent la nuit. Ils sont lieutenants, capitaines. Ils restent jusqu'à ce que les gendarmes viennent prévenir mon grand-père : les barbouzes sont sur la piste, les amis de Monsieur devraient partir. Je ne les revois plus. D'autres les remplacent. J'améliore mon foot. Ma sœur fait son intéressante.

Il y a des discussions terribles dans la bibliothèque. Je me lève. Je me cache derrière un rideau vert. Je m'en servirai pour *Le Cœur net*. J'écoute pendant des heures mes oncles et leurs femmes se dire des choses épouvantables. On parle encore de Laval et de Vichy. Je les ai connus au berceau. De Gaulle et Pétain ne nous ont jamais quittés. Mon grand-père dit « Gaulle ». Il est de l'avis de ses fils : c'est un traître. Il y en a qui sont contre. Les portes claquent. Ce sont celles des voitures. Leurs propriétaires ne reviendront plus.

Mon père ne dit rien. Il regarde ma mère en souriant. C'est un sourire un peu triste. Il travaille pour le général de Gaulle. Il repart pour Paris. Je ne le vois qu'en week-end. Le général de Bénouville m'a apporté un train Hornby qu'il a acheté en Suisse. Mon père m'aide à le monter. Il est si grand que je l'installe dans la chambre de mes parents. La nuit, quand maman dort toute seule, je fais rouler les wagons.

Il y a des procès. Mon oncle Jean démissionne de l'armée. Cette fois, les gendarmes sont venus perquisitionner chez mon grand-père. Mon père part pour Alger avec Paul Delouvrier qui m'appelle « Crapaud ». Philippe est revenu. Il va faire l'École de guerre. Ben alors, qu'est-ce qu'il a fait en Algérie ?

Parfois le téléphone sonne, à Paris. Les grandes vacances sont finies. C'est mon père. Il promet de rentrer bientôt. Il tient parole. Nous partons pour la province. Il y a une immense maison, un parc. Toutes mes Dinky Toys sont perdues dans le déménagement. Je vais au lycée de la ville. On n'ose pas me renvoyer. Le général de Gaulle arrive en visite officielle. On m'a interdit de descendre mais je le rencontre à la porte des petits coins. Ils sont grandioses. Versailles. J'ai déjà parlé à madame de Gaulle qui prenait le thé avec maman. Elle m'a interrogé sur mes études. Le Général est très haut. Je ne vois que deux jambes de pantalon. Moi, je suis en culottes courtes. Est-ce que je vais lui parler ? Je ne sais pas si j'en ai envie. Il a lâché l'Algérie. D'un autre côté il y a mon père. Je cherche une phrase historique. Je ne trouve pas. C'est lui qui s'efface et me dit « Après vous, monsieur. »

1961. « Tu es bien avancé, m'a dit ma sœur. Tu vas passer l'été tout seul. Ça t'apprendra. » Si je lui demandais d'intervenir, elle pourrait arranger les choses. Mon père ne lui résiste pas. Ma mère s'en fiche. Mais je ne veux pas arranger les choses. C'est une qualité qui va me manquer plus tard.

Elle me regarde en dessous, comme elle doit regarder les types.

Elle a un avantage sur moi ; elle a des amis.

J'aimerais avoir des amis mais c'est impossible. Je suis né dans une ville où je n'ai jamais vécu. Une ville française. Mes parents l'ont quittée trois semaines plus tard. Je ne la connaîtrai pas. Si j'y allais elle ne me dirait rien.

Les autres garçons naissent quelque

part, vont à l'école du quartier, plus tard au lycée. Ils se battent avec leur voisin, ils ont des frères, ils sont amoureux de la fille du marchand de légumes (celle de Pont-Audemer était magnifique, MAGNIFIQUE) et après ils quittent la maison. Moi, je commence par quitter la maison.

Toutes ces villes où nous avons vécu se ressemblent. Il y a *Les Dames de France*, un Prisunic, un collège religieux, un lycée Paul-Bert, la place du 8 mai 1945 et l'avenue du Général de Gaulle, ancien-nement avenue du Maréchal Pétain. Elles sont toujours grises, surtout dans l'Ouest. À cause de la pluie qui est bleue sur les toits. Il ne s'y passe rien l'après-midi.

Je n'ai pas d'amis parce que je n'ai pas le temps. Nous arrivons en cours d'année, nous repartons à l'improviste. Je n'ai pas le droit de sortir du jardin. Quand je le prends j'essaie de me repérer. C'est plus long qu'on ne croit ; je ne connais que des morceaux, je n'arrive pas à avoir une vue d'ensemble. À trouver une raison à ma présence.

Il y a le lycée ou le collège religieux, au choix. Ou bien le pensionnat sur lequel il n'y a rien à dire. C'est comme un lycée mais avec la messe et l'obligation de se confesser. On m'interroge sur la pureté. J'ai sept ans. Est-ce que j'ai péché contre la pureté ? L'eau est froide. Je ne suis pas certain de me laver tous les jours. J'hésite et je réponds oui. Seul ou avec d'autres ? La situation se complique. Est-ce que j'ai péché seul ? Nous nous lavons tous ensemble. Je réponds : avec d'autres. Le ciel me tombe dessus.

Le lycée est plus agréable. Il y a plusieurs catégories d'élèves. Je n'appartiens à aucune. Ma sœur est plus douée. Elle amène des amis à la maison, elle est invitée le dimanche. Moi, je vais dans les forêts des environs. Il y a toujours une forêt aux environs. En gros, il y a en France les forêts avec du sable, de la bruyère, des pins ; les forêts avec ou sans rochers ; les

forêts de chênes, de hêtres et de champi-
gnons ; les forêts des Vosges, en uniforme.
Dans les forêts domaniales, il y a de vieux
poteaux avec « route de l'Impératrice »,
« chemin des Adieux ».

Il ne faut pas marcher dans les jambes
des parents.

Nous avions un chien, mais il a été
empoisonné par les employés des Ponts et
Chaussées dont les bureaux donnent sur
notre jardin. Il aboyait quand nous étions
sortis.

Je n'ai pas de meilleur ami, ce qui me
laisse le temps d'écouter les adultes. Les
sujets ne manquent pas mais personne ne
vient nous voir, dans ces villes de province.
Tout ce qui me reste, c'est de lire.

« Nous sommes sauvés ! » a dit ma
marraine quand elle m'a invité pour la
première fois au bord de la mer, en été.
C'est une mer froide, avec beaucoup de
vent. Le Cotentin. Il y a des maisons
qui datent de la guerre de Cent Ans, des
plages immenses où on ne rencontre, le

15 Août, que deux familles chrétiennes. Il faut sans arrêt mettre son pull. Plus tard, j'aurai envie d'y acheter une maison, sous l'église de Barfleur ; elle appartient à un avocat de Paris qui n'est pas vendeur. Ma grand-mère venait peindre à Barfleur avec Signac, avant la guerre. Je n'en saurai pas davantage. Quelle famille. Il n'en reste rien.

Ma marraine était sauvée parce que je savais lire. Elle avait deux filles très vieilles qui s'amusaient à me faire faire pipi au lit en me trempant le doigt dans l'eau pendant que je dormais. Ma marraine m'a acheté une bambinette. Pauvres connes. En dehors de ça, j'étais inutilisable. Il y avait les invités, des choses à faire. Je suis sûr que ma marraine regrettait son aimable invitation. Même les domestiques me faisaient la gueule. Quand j'ai pris mon premier livre, après le déjeuner, pour aller dans le parc, ma marraine a remercié le Seigneur. Elle pouvait. J'allais leur foutre la paix pendant trois semaines.

C'était un livre de poche présenté par Claude Roy : *Lucien Leuwen.* « *Il n'y a probablement pas de meilleure raison d'écrire que de vouloir qu'existe un livre qu'on souhaiterait de lire et qui n'existe pas – pas encore.* » Sur la couverture on voyait un cavalier en uniforme, une silhouette de femme en rose, la façade d'un vieil hôtel. Le cavalier arrêtait son cheval, du moins c'est ce qu'il me semblait. Ce devait être la scène où Lucien, sur son cheval de cent vingt louis, passe sous les fenêtres de l'hôtel d'Hocquincourt. J'ai toujours ce livre de poche et toute la collection où des écrivains, que j'ai lue ensuite, présentaient un auteur célèbre. Je crois que nous devons cette collection à Roger Nimier.

Stendhal me plut autant que m'avaient plu *L'Île au trésor, Bob, chasseur d'éléphants* et *Thomas l'Imposteur* que j'avais trouvé sur la table de nuit de mon père, juste avant de quitter Paris. Je préfère *Lucien Leuwen* au *Rouge,* et je ne sais pas quelle partie je préfère : la première à Nancy, la seconde à

Paris. On dit qu'il n'y a pas de fin, mais la fin est superbe : « *Enfin, en arrivant à son poste, à Capel, il eut besoin de se sermonner pour prendre envers les gens qu'il allait voir le degré de sécheresse convenable.* » Je pensais à Lucien dans sa voiture, partant pour Rome après avoir été nommé secrétaire d'ambassade par un vieux maréchal qui a connu son père : « *Encore un de ruiné...* » « *Adieu, j'ai payé ma dette, ne me demandez rien, et ne m'écrivez pas.* » Cette absence de sentiment me plaisait. J'aimais quand cela allait vite, et sans histoires.

Je lis d'une ville à l'autre. Ma marraine continue d'être sauvée et ma mère a la paix. Cette année-là, j'avais emporté à Thonon-les-Bains de quoi tenir un siège. Plus tard, une amie me dira qu'elle reconnaîtrait ma voiture n'importe où : il y a dans le coffre des Pléiades de chez Gallimard et des embauchoirs pour les chaussures. On ne sait jamais. On pourrait être obligé de rester quelque part. Le tout est de s'organiser. Je ne suis pas voyageur, mais changer d'endroit ne me gêne pas. Thonon-les-Bains, c'était changer d'endroit.

Alors je lis dans le Jardin Anglais ou sur une chaise longue, à la plage des Galets.

Le moment difficile est celui du déjeuner. Je pourrais remonter à l'Office Franco-Allemand, m'asseoir avec les autres. Je ne le fais pas. J'achète quelque chose de pas cher, un pain au chocolat par exemple. À la plage des Galets, les amis de Béatrice Annaz sortent de l'eau en hurlant. Ils mangent des sandwiches au pâté avec des cornichons. Ou des croque-monsieur.

Je n'ai encore jamais vu de croque-monsieur dans les villes que nous habitons. Je ne vais jamais au café. Je suis trop petit. De quoi aurais-je l'air ? Je serais repéré. Un intrus, un étranger. Un espion peut-être. Mais je bave devant le sandwich au pâté. Je m'en offre un. Ça me met sur la paille. La nuit, je suis malade. Les filles, ça donne la chiasse. Béatrice Annaz, le lendemain, me demande « Tu veux un sandwich ? » Je dis non. « Comme tu voudras. »

À quatre heures, je vais acheter un pain au chocolat à la pâtisserie près de l'Établissement Thermal. Et le soir, après le dîner à l'Office Franco-Allemand, je marche sur la place des Arts.

Il n'y a pas de bar Cintra, à Thonon-les-Bains, ni de ces endroits qui resteront dans nos mémoires d'enfants : le Bar Basque à Saint-Jean-de-Luz, Miocque à Deauville, la Corniche au Pyla, le Scossa de la place Victor Hugo. Il y a seulement un glacier qui s'appelle le Milord. Le soir, la jeunesse prend possession des tables. Je rôde un peu, j'aperçois Béatrice Annaz. Elle est avec sa bande de l'après-midi. Il y a un type plus vieux, dans les dix-huit, vingt ans. Ils se lèvent, passent devant moi. Ils montent dans une voiture décapotable. C'est une Triumph Herald Week-end. Béatrice se retourne et me fait un signe de la main. Enfin, c'est peut-être à quelqu'un d'autre.

Il n'y a pas autant de lumière sur la place

des Arts qu'il y en a aujourd'hui. Le Milord est toujours là, avec un décor qui a changé mais qui est déjà démodé. Seule la façade et le vélum me rappellent quelque chose : « *le Milord-glacier* ».

Je pense que si j'allais dans la ville de ma naissance, celle où je n'ai jamais vécu, ce serait pareil. Je ne serais pas plus dépaysé : il y aurait la statue d'un général malheureux, une avenue du Général de Gaulle, un ancien Prisunic ou Monoprix. Et un bar, un café où la jeunesse, autrefois, allait écouter de la musique. J'ai cherché des airs de 1961 mais je suis incertain. Je confonds avec les autres années. J'ai en tête *Viens danser le twist* ou *Twist à Saint-Tropez*, et *When*, mais ça n'est peut être pas cette année-là.

Pour *Lucien Leuwen* j'en suis sûr, parce que le livre porte cette inscription : « *Librairie Générale Française, 1960.* » Et plus bas : « *Tous droits de reproduction et de traduction réservés pour tous les pays, y compris l'URSS. »*

Il m'arrive de traverser une ville que je ne connais pas, mais où je pourrais trouver infailliblement la préfecture, le parc municipal, le lycée. C'est ma façon à moi d'avoir le sens de l'orientation.

Non que je m'y sente chez moi. Je suis aussi bien chez moi ailleurs, dans une ville européenne. Et même j'ai un sentiment de répulsion quand je traverse une ville française, quand je m'arrête pour une heure ou deux, comme si un poids accablait mes épaules. Toutes ces histoires, je les connais par cœur. Ce serait facile de rester. De se faire oublier. D'être Français. Ai-je envie d'être Français ?

Je n'ai pas dormi à Thonon-les-Bains. C'était comme si j'étais exilé pour avoir fait quelque chose de particulièrement répréhensible. Écrire un article, par exemple. J'ai cherché s'il y avait dans mes livres quelque chose qui se rapporte à Thonon-les-Bains, à l'Office Franco-Allemand. Ou à Béatrice Annaz. Je ne crois pas. Il n'y a pas non plus d'Alfa Romeo. Je me trompe peut-être. En tout cas, il n'y a pas de garage avenue de Senevullaz.

Béatrice Annaz devait avoir dix-huit ans, elle aussi. Elle ne ressemblait pas aux filles que j'aimais. Mais j'allais tous les jours à la plage des Galets, sauf quand il pleuvait. Il n'a presque pas plu cet été-là. Quand il pleuvait, j'allais au cinéma avenue d'Évian. J'y ai vu *La Bride sur le cou* de Roger Vadim. Brigitte Bardot dansait un peu à poil. Toute la salle retenait son souffle. J'étais entré par la porte latérale. On ne voyait pas grand'chose. Pas de quoi se branler, a dit mon voisin. Les gens fumaient dans la salle. Il y a trois cinémas aujourd'hui à Thonon-les-Bains : L'Étoile de l'avenue du Général de Gaulle, l'Excelsior de la place Henry Bordeaux, le France de l'avenue de la Gare.

De là où j'étais sur l'autre rive du lac, je

ne pouvais pas voir les lumières de Thonon-les-Bains. La pointe d'Yvoire me les cachait. Je voyais distinctement le petit garçon que j'avais été, mais je ne savais pas où le mettre. Il ne serait jamais chez lui.

Béatrice Annaz s'amusait de me voir lire. Ça l'a vite énervée. Je ne me baignais pas. Je nageais mal ; les autres étaient tellement plus habiles ; je n'avais pas de maillot : les prétextes ne manquaient pas. À l'heure du déjeuner, si j'étais sur la plage, elle m'apportait un sandwich au pâté, avec des cornichons. J'avais protesté comme un garçon bien élevé. Je n'étais pas bien élevé. C'était juste pour ne pas montrer que j'étais pauvre et que les pauvres ont mal au ventre quand on est gentil avec eux. « T'occupes. » Je déjeunais sur le compte de la maison.

J'allais marcher sur la route de Corzent dont les maisons n'ont pas changé. C'est une petite route très sombre à cause du feuillage des arbres, des haies épaisses, des hauts portails de bois. Toutes ces maisons ont un ponton avec un ou plusieurs bateaux. Je le sais, je les ai longées tout un été, sur la barque que me prêtait Béatrice Annaz.

« C'est la mienne. Prends-la. Secoue-toi. Fais quelque chose. »

C'était un canot de bois verni, facile à manœuvrer. Le courant poussait vers Yvoire. Je restais près du bord, et parfois, quand une maison était fermée, avec ses volets clos, sa pelouse déserte, j'amarrais le canot au ponton. Je visitais en prenant soin de ne pas me montrer du côté de la route de Corzent. J'avais mes préférées : une maison d'un rouge ancien, avec un toit percé de fenêtres pointues, et une autre, beaucoup plus petite, mais qui ressemblait à un hôtel particulier dans une de ces villas près de l'avenue Georges Mandel, à Paris : la villa Scheffer, la villa Herran. Elle était dissimulée sous des arbres. Il y avait des sièges de jardin. Je lisais et soudain je m'enfuyais, une crainte irraisonnée au cœur.

C'était un vrai bordel, cet Office Franco-Allemand. Les élèves faisaient ce qu'ils voulaient. Je me suis aperçu que je n'étais plus le seul à sécher les cours. C'est à Thonon-les-Bains que j'ai appris à disparaître. Les autres restaient en groupe. On voyait les Allemands à la terrasse des cafés. Ils se soûlaient à la bière. Heureusement, ils allaient à la plage municipale, à l'opposé du chemin des Clerges. Nos parents avaient dû être abusés par le nom. « Franco-Allemand », ça faisait sérieux. Officiel. L'État prenait les choses en main. Nous étions les enfants de la réconciliation.

Je n'allais jamais vers le quai de Rives, le quai de Ripaille. J'avais la rive de Corzent pour moi, avec ses maisons dont beaucoup étaient inhabitées. Leurs propriétaires étaient en voyage. En vacances. Au soleil des Baléares, en Espagne chez le général Franco, sur un bateau en Méditerranée. Ils avaient emmené leurs enfants. Il y aurait des journées pour les garçons au club des Dauphins. Les filles monteraient à cheval en jodpuhrs. Peut-être retrouveraient-ils leurs amis au même endroit que l'année dernière. On ouvre une villa. Les livres sont piqués. Les maillots de bain ne vont plus. Il y a une odeur de peinture. Les autres ont grandi. C'est le genre de choses que je n'ai pas connues.

Depuis Lausanne, je pourrais regarder ces villas, la nuit. Voir celles qui ont des fenêtres éclairées. Avec un appareil comme celui de la terrasse de l'hôtel de ville, à Thonon-les-Bains, je pourrais peut-être aujourd'hui repérer la maison rouge, et l'autre, celle que je préférais.

Un jour d'orage, très bref et qui était parti vers Évian en nous laissant de la pluie, Béatrice Annaz m'avait demandé de l'aider à tirer les bateaux plus haut sur les galets. Les plus embêtants à ranger étaient les pédalos. Il y avait aussi les matelas rayés de bleu et de blanc qui évoquaient des chambres douteuses, un lourd climat d'amour. Je venais de lire *Le Journal d'une femme de chambre*. Les femmes de chambre, nous n'en avions jamais manqué. Elles avaient des poupées dans leur chambre, du genre qu'on gagne à la foire ou qu'on ramène de vacances à Thonon-les-Bains.

La pluie tombait, violente. Les amis de Béatrice Annaz ne viendraient plus ce jour-là. Je l'ai accompagnée au bar-restaurant, qui était plus une guinguette qu'un de ces établissements des bords du lac qu'on trouve après le quai de Rives. « Viens », m'a dit Béatrice Annaz. Derrière la cuisine, enfin, la pièce ouverte sur l'extérieur par le bar avec ses cendriers-réclame, il y avait une sorte de living-room. « On va regarder la télévision, c'est presque l'heure. » Les parents de Béatrice étaient remontés chez eux ; ou peut-être habitaient-ils là et dormaient-ils dans ce canapé convertible ? Je crois qu'ils avaient une maison sur les hauteurs. D'ailleurs, il n'y aurait pas eu de chambre pour leur fille, dans la guinguette de la plage des Galets.

Je me suis assis comme un vieil habitué. La télévision m'intéressait moins depuis la fin de la guerre d'Algérie, de la guerre comme je l'avais connue à la maison. Mais je n'ai pas oublié ce que j'ai regardé cet après-midi pluvieux en compagnie de Béatrice Annaz.

C'était un aventurier. Un ancien de la guerre de Corée. Il s'appelait Adam Troy.

Les Français l'avaient baptisé Armand, bien qu'il n'y en eût déjà plus beaucoup, des Armand en 1961. Le Capitaine Troy sillonnait les mers du Sud sur un schooner de quinze mètres, le *Tiki*. Au cours de ce premier épisode, le premier pour moi, le *Tiki* était chargé de marchandises qu'on voulait voler au Capitaine Troy. Il y avait une fille dans l'affaire et il ne devait cesser d'y en avoir tout au long de l'été, dans le living-room secret de Béatrice Annaz. Je n'ai plus manqué un épisode. Parfois Béatrice venait me rejoindre, quand la plage était tranquille et que ses amis se baignaient.

Je ne me souviens plus des aventures du Capitaine Troy. Les *Aventures dans les îles*. En anglais : *Adventures in Paradise*. Ce nom de « Capitaine Troy » m'est revenu alors que j'essayais de peupler de silhouettes bruyantes et de couleurs vives comme le Verigood orange la base nautique du Service municipal des Sports. Le Capitaine Troy était brun. *Le Guide des séries* parle de « sa belle prestance et de son charme ravageur ». Peut-être n'était-il pas brun. C'était une série en noir et blanc et je ne me souviens de rien. L'interprète du rôle principal s'appelait Gardner McKay. Il y avait aussi de véritables vedettes de cinéma : Paulette Godard, Yvonne de Carlo, Joan Blondell. Et les épisodes avaient été tournés par des réalisateurs prestigieux comme Robert Aldrich ou Jacques Tourneur. *Le Guide des séries* en cite un autre dont le nom m'intrigue : Roy del Ruth. Il y avait un inspecteur de police, l'inspecteur Bouchard, et un gangster nommé Bulldog Lovey. Je ne me souviens d'aucun nom, ni des interprètes. Juste ce nom, Capitaine Troy, que devait me donner à partir de cet après-midi Béatrice Annaz.

Je suis le Capitaine Troy. J'ai un bateau. Je croise dans les mers du Sud, sur la rive de Corzent. Cela se passe en 1961, dans une petite ville que j'avais oubliée et qui n'est qu'à trente-trois kilomètres de Genève où je suis allé si souvent.

Le journal parle des progrès des négociations avec les Algériens. Elles ont lieu tout près, à Évian. Le gros problème, c'est le Sahara. Nous connaissons le Sahara, les chameaux, son Père de Foucauld. Ou bien est-ce le Hoggar ? Mon père à moi est là, tout près. Pour aller à Évian, il doit traverser le lac. À moins qu'il n'y ait une autre conférence en face, en Suisse. Moins avouable encore. Du genre qui se passe de DS noires. À l'heure où je regarde *Aventures dans les îles*, des Algériens traversent le lac pour prendre le pétrole des Français. C'est ce que je lis dans les journaux. Il y en a qui ne sont pas d'accord : ce sont les Français qui ont pris le pétrole des Algériens. Il semble que le reste soit liquidé.

Pas de problème. Alger, Constantine, Oran ne sont plus trois départements.

Je pourrais prendre le car pour aller à Évian. C'est une idée. La station est située sur la place des Arts, devant le glacier le Milord. J'attends que tout le monde soit massé devant le car, je suis une grosse dame, je monte sans payer. Heureusement le car n'est pas plein. Nous partons pour Évian. Le trajet n'en finit pas par la route nationale 5. On s'arrête partout. Enfin le car nous dépose place d'Allinges. C'est comme Thonon-les-Bains, mais il y a un casino à côté de la mairie et une place du Général de Gaulle à l'angle de la rue de Narvik. Rien que des victoires.

Il y a beaucoup de policiers. Ce sont des CRS. Je les connais par cœur et les préfère aux gardes mobiles, parce qu'ils ont des motos. Ils sont aussi plus souples, plus balancés. Et ils portent un calot.

On ne passe pas. On se faufile. Mon père est peut-être là, dans un des hôtels. Je marche dans les rues d'Évian. Il y a des tennis, un club hippique. C'est plus chic que Thonon-les-Bains, tout de même. Des panneaux indiquent un golf. Je reviens vers le centre, au-dessus du lac. Ici, le général s'appelle Dupas.

Le soir, je vais au glacier le Milord. Je ne vois pas Béatrice Annaz.

Une brume bleue comme le lac.

Il faisait le même temps, j'en suis sûr, quand une voiture est venue me chercher à l'Office Franco-Allemand. C'était le matin, pendant la classe. À l'intérieur, il y avait ma sœur.

« Ils t'ont gracié pour la journée. »

Mon père était bien à Évian, hier.

Ma sœur a bronzé. Je me demande comment elle fait. Cette histoire à Thonon-les-Bains, c'était pour me donner une leçon. Ils se sont inquiétés. C'était cruel, quand même. Peut-être parce que ma sœur bronzait.

Elle me raconte que Georges est venu dîner en courant. Il fume des américaines.

« Le Général s'en fout » est une phrase qui est revenue souvent dans la conversation.

Ma mère fait des réussites. Elle aime bien la Suisse. Nous attendons mon père pour le déjeuner qui est un pique-nique dans le jardin sur le lac.

S'ils décident que je reste je ne pourrai pas dire au revoir à Béatrice Annaz.

Mon père arrive, me soulève, me dit quelque chose en allemand. Je n'en parle pas un mot. Il me repose.

« Je l'avais bien dit. »

Il a mis sa voiture dans le fossé, près de Montargis. La nouvelle est capitonnée de gris. On dirait un corbillard. Il y a un Himmler dans la poche de la portière.

Après le déjeuner, ma sœur et moi restons seuls. Les parents fument des cigarettes et lisent les journaux. Avant leur séjour en Suisse, je n'avais jamais vu ma mère avec une cigarette dans la journée.

C'est un jardin un peu négligé. Les pelouses sont tondues mais il ne faut pas trop s'éloigner de la maison. Il y a de l'herbe dans les allées et les plates-bandes sont misérables.

Ma sœur attend sûrement que je lui demande d'intervenir auprès des parents. À Thonon-les-Bains elle n'est pas descendue de voiture. Elle a regardé les baraquements d'un air satisfait. C'était exactement comme ce devait être. Quand elle voit quelque chose de moche, elle le regarde toujours de la même façon.

« Eh ben dis donc.

— C'est pire, ai-je répondu avec entrain.

— Et les Allemands ?

— Je comprends pourquoi on leur est rentrés dedans. »

« Il y a de bons côtés, ai-je ajouté. C'est une ville d'eaux très agréable. Et la promenade est délicieuse. »

J'ai imité une amie des parents qui vient nous voir quand nous habitons la province. Elle nous quitte sur des mots réconfortants.

Ma sœur rit. Elle a des dents très blanches. Elle rit en ouvrant bien la bouche. On a envie d'aller dedans. C'est une des différences entre frère et sœur.

« Avoue que si tu avais été raisonnable, nous n'en serions pas là », me dit-elle en imitant mon parrain qui ne savait même pas où était Thonon-les-Bains sur la carte.

Ce n'est pas une imitation très réussie. Ma sœur a une voix grave, et mon parrain une voix de fille.

Si j'avais quinze ans, nous aurions une conversation sur ce qu'elle fait, ses amoureux. Mais j'en ai douze trois-quarts, et elle ne doit pas avoir tant d'amoureux. La Suisse, c'est pour soigner les maladies du cœur. Pas pour le faire battre plus vite.

Tout de même les parents l'ont inscrite au Sporting. C'est à Lausanne. Un village. Elle joue au tennis avec de grands mouvements de bras.

Les sœurs sont un mystère qu'on n'a pas envie de voir se dissiper. Il y aurait trop de découvertes en même temps. Et puis elle ne serait plus ma sœur.

Nous marchons vers le ponton où se

balance un canot Riva. Il est emballé de gros tissu bleu. Il bouge au gré des vagues. Il y a toujours des vagues sur le lac.

« Vous vous en servez ?

– Non. »

Il y a pas mal de regret dans sa voix. Elle se verrait bien sur le Riva. Plus tard, j'écrirai dans un journal qui s'appelle *Paris-Match*. Peut-être à cause des Riva. J'ai souvent pensé à celui de Thonon-les Bains. À *Paris-Match* les Riva faisaient partie de l'équipement de base, mais il n'y en avait déjà plus quand je suis arrivé. Et les héros du journal étaient en train de mourir.

Nous nous asseyons sur le ponton ; on a les jambes dans le vide. Je me tiens fermement aux planches. Je n'aime pas regarder l'eau. Ma sœur évite de regarder mon bras. Il est un peu tordu. C'est de sa faute. Un jour, il y a quatre ans et demi, j'ai voulu creuser une voiture dans le sable à côté de la sienne. Ce n'est pas le genre de jeu qu'elle avouerait volontiers, mais elle l'avait creusée, cette voiture. Elle m'a poursuivi à coups de pelle. J'ai couru dans le jardin, j'ai mis le pied dans le regard d'une prise d'eau et je me suis cassé le bras.

Ça n'était pas beau à voir. Ma sœur a freiné, elle m'a regardé avec intérêt. Je me sentais tout froid. Elle ne disait rien, moi non plus. J'aurais voulu qu'elle m'abandonne. Je serais resté avec mes flèches dans le dos et j'aurais attendu la mort avec le détachement d'une grande conscience. Elle aussi se voyait bien dans le rôle. La fille qui vous laisse aux loups.

J'attendais vraiment la mort.

Toujours à faire des histoires.

Elle est partie prévenir les parents.

C'était la Pentecôte. « Il faudrait qu'on se décide, a dit ma sœur tandis que mon père sortait la voiture. C'est une pente ou une côte ? »

Il a fallu attendre un temps fou. J'avais mal au cœur. Personne ne voulait regarder mon bras.

Je suis resté assez longtemps à la clinique. Au moins six ou sept jours. Mon père est venu me voir. Il m'a apporté des *Gédéon*, la bande dessinée de Benjamin Rabier. On faisait des plâtres énormes. Avant, il a fallu poser une broche. Le chirurgien n'était pas un as. Plus tard, on m'a proposé de recasser mon bras pour arranger les choses.

Depuis, ma sœur se sent responsable. Responsable de moi tout entier. Elle voudrait réparer, mais je ne suis pas facile à attraper.

Elle porte un short. On pourrait lui lécher les jambes. Quelle couleur.

« Ce sont des vacances comme les autres, dit-elle d'un ton encourageant.

— Avec juste un peu d'allemand.

— Les langues, c'est un atout dans la vie.

— C'est ce que je dis toujours. »

Nous nous retrouvons facilement. Elle pense que je suis malheureux à Thonon-les-Bains.

« Ça ne sera plus très long.

— Au contraire. C'est les grandes vacances, ne l'oublie pas. »

Je suis impitoyable. Il y a des moments qu'il ne faut pas rater.

Ma sœur s'éloigne de moi. Ensuite elle se rapproche. Elle est brûlante ou glaciale. Allez savoir. J'opère en sens inverse. Pas tout le temps. Quand je le veux, je me laisse attraper. Je ne manquerais ça pour rien au monde, pas même le Riva. Nous ne faisons qu'un. Je sais exactement ce qu'elle va dire. Elle connaît ma réponse. Est-ce que ça durera toujours ?

Une des questions les plus embêtantes, c'est de savoir combien de temps tout dure. Les vacances. Le lycée. Habiter une ville grise. Revenir à Paris. Il faudrait prévoir la fin. Avoir le temps de faire des plans. D'avoir des amis, quoique ce soit bien inutile.

J'écrirai un roman qui s'appellera *Feu de paille*.

Ça ne rate pas : « Tu t'es fait des amis ?

— J'ai décidé de ne pas pardonner aux Allemands. Pas encore.

– Mais il n'y a pas que des Allemands dans cette école. Il y a des Français.

– L'Algérie, la politique, tu t'en fiches.

– Et des filles ? Est-ce qu'il y a des filles ?

– Non », dis-je en pensant à Béatrice Annaz.

Sur le lac, les bateaux n'ont pas l'air d'avancer. Celui-là doit être le *Colibri*, le bateau des touristes. Il vient peut-être d'Yvoire. D'en face. Du côté de l'Office Franco-Allemand. Il doit bien y avoir une frontière, sur ce lac. Pour aller jusqu'à la villa, la voiture est passée par Genève. Le chauffeur a juste fait un signe. C'est peut-être un policier suisse.

« Tu me trouves changée ? » dit ma sœur.

Dans le vide, elle a des jambes beaucoup plus longues que les miennes.

Je passe l'inspection.

Elle porte une chemise de tennis, un short pour fille, elle a deux couettes, elle est blonde. Je regarde sa poitrine. Elle le sait. Il y a aussi un petit duvet sur ses bras. Vraiment rien. Un peu. C'est si fragile une sœur. Ça change tout le temps.

« Ils ont grossi », dit-elle.

Elle parle de ses seins.

« Fais voir. »

C'est technique. Depuis l'année dernière, je la tiens au courant de la progression. Je prends un œil froid. Elle ôte sa chemise de tennis. Elle détache son soutien-gorge. On ne peut pas nous voir, sauf les policiers suisses, mais ils sont neutres.

Elle a des seins ronds, petits, parfaits. Il n'y a pas plus rond. Pas si petits.

« Ça m'a l'air en bonne voie, dis-je.

– Tu es sûr ?

– C'est l'air du pays. »

Elle les regarde d'en haut. Elle ne peut pas se rendre compte. Heureusement, elle a un frère.

« Je me demande où ça va s'arrêter », dit-elle, rêveuse.

Je sais que nous pensons tous les deux

à Simonette, qui s'occupait de nous avant
la guerre d'Algérie. Elle avait des seins
énormes et nous racontait des histoires,
le soir, dans notre chambre. Elle ne
finissait jamais. Elle disait : « Je l'achèverai
demain » avec l'accent du Midi. Le lendemain, elle en commençait une autre.

Nous restons là, dans la douceur toute
bleue. Ma sœur a le torse nu. Ça doit être
agréable quand on a des seins.

Je voudrais que ça ne finisse jamais.

Elle aussi. Je le sais.

Mais en même temps elle pense à autre
chose. Je le sais aussi. À plus tard. Quand
elle sera complètement grande. Il va lui en
arriver, des choses.

Nous ne sommes que deux au monde.
C'est comme cela depuis le début. Il faudra
que je m'occupe d'elle. Que je l'empêche
de faire des bêtises avec ses seins. Il faut
penser à tout, quand on est un frère.

« J'ai quelque chose pour toi », dit-elle.

Elle se rhabille. Nous revenons vers la
maison. Nous passons par la cuisine. Il y

a un petit escalier en colimaçon. Elle me conduit jusqu'à sa chambre. Elle prend un livre. C'est un livre de poche, un gros de la série « présenté par ». Il est bleu comme le lac. Sur la couverture, on voit des montagnes, des silhouettes comme celles qu'on découpe dans du papier. Je lis le nom de l'auteur : Gobineau. Le titre : *Les Pléïades*, présenté par Roger Vailland. Ma sœur me regarde avec impatience.

« Formidable.

— Ça va te tenir compagnie.

— Sûrement. »

Elle l'a acheté à Lausanne. Il porte la même date que le *Lucien Leuwen* : 1960.

Elle me dit qu'elle a entendu les parents parler d'un retour à Paris. Les négociations secrètes seront toujours secrètes, mais à domicile. À moins que mon père ne s'occupe d'autre chose. Je ne saurai jamais ce qu'il fait. Il passe en souriant. S'il rentrait à Paris, nous aurions un appartement, des amis. Je préfère un appartement. Je trouve ça plus chic. En province, les gens n'ont pas d'appartement. Ma sœur me dit que je me trompe. Pourtant, un appartement, on s'enfonce. Il y a un couloir, les chambres du fond. Dans *Les Événements de 67*, tout se passera dans un appartement. Pour l'écrire j'ai pensé à un appartement que j'ai connu, quai Henri IV à Nantes. À l'angle de la place de l'Oratoire. C'était celui des parents d'une amie. Un appartement, c'est comme entrer dans une histoire. Ma sœur est formelle. Une maison, c'est bien mieux. Moi, je ne les supporte plus. Elles sont toutes pareilles. Posées dans leur jardin qu'on appelle le parc. Celle du notaire. Celle de la veuve. Celle de l'industriel.

Il y en avait une où nous étions arrivés en été. Il faisait chaud, très chaud. Je me souviens d'une pièce abandonnée mais plus tranquille que les autres, où on me faisait dormir après le déjeuner. Elle était au deuxième étage. Il y avait un volet de bois qui donnait sur l'extérieur. J'étais parvenu à l'ouvrir. Ce n'était pas un volet mais une ancienne porte à grains. Devant moi, le vide. Le soleil m'éblouissait. J'avais envie de sauter, mais je ne voyais rien. Ma sœur m'a appelé. J'ai refermé le volet. Je voulais encore dormir dans cette chambre. Il fallait que les parents ne s'aperçoivent de rien. J'aurais pu mourir. On aurait dit « Mon Dieu ! » Ma mère m'aurait embrassé.

Il y en avait une autre avec un salon Empire. Vraiment Empire. Vert et or. Au milieu de la pièce, un guéridon genre Adieux de Fontainebleau. J'étais au courant. On m'avait tout raconté. C'est là que j'ai appris à détester Napoléon. Toujours du cirque. Aucune tenue. Beaucoup de bruit pour pas grand'chose.

Et celle de Marnes. Dans le parc de Marnes, du côté du haras de Jardy. Il appartient à un industriel qui roule en Rolls. Vous lirez ça dans *Les Derniers Jours*. Nous en sommes séparés par un petit bois, une grille et son mur. Les allées du parc de Marnes sont remplies d'herbe. On marche sans faire de bruit, on passe la grille et il n'y a pas plus de bruit sous les arbres. Nous avons un voisin qui est Maurice Chevalier. Nous avons une jeune fille. Nous la perdons dans les bois et elle revient seule à la maison. Elle s'en fout bien. Elle est suédoise. Elle n'aime que la piscine municipale toute neuve. Les parents n'osent pas la mettre dehors. Elle ne parle pas un mot de français. Où irait-elle ? Il faudrait s'adresser à l'organisme qui nous l'a envoyée. Ma mère en est incapable. Si elle s'en mêle, on nous enverra une Turque et nous garderons la Suédoise. Mon père ne veut de mal à personne. Il essaie de faire comprendre à la Suédoise qu'elle doit nous tenir vissés. Il fait le geste de la main. Elle l'imite. Ils rient. La Suédoise reste.

«Nous n'aurons plus la même chambre», dit ma sœur.

Nous avons toujours partagé la même chambre. À Paris comme en province. À qui dirai-je « Tu ne dors pas. » Je sais exactement quand elle dort. Elle ne fait pas de bruit particulier. Simplement, elle n'est plus là. Il m'est arrivé d'attendre toute la nuit qu'elle revienne. Presque toute la nuit. J'ai dû dormir mais ça ne comptait pas. Quand elle revient c'est comme si on rétablissait le courant électrique. Je peux bouger. Je peux parler.

« Qu'est-ce que c'est que cette histoire ? dis-je.

– Une idée de maman, répond ma sœur. Ça ne serait pas convenable. »

C'est idiot. On nous sépare quand ça devient vraiment intéressant.

Encore un truc pour que nous nous fassions des amis. Je vois le genre. « Ces enfants sont trop repliés sur eux-mêmes. » Il y a des tantes, des copines de maman dans l'air.

Ma sœur pense que c'est à cause de ses seins. Il y a les garçons. Il y a les filles. Là encore, je suis au courant. Ce n'est pas une raison.

« Il y aura peut-être une porte communicante », dit ma sœur.

C'est un encouragement. Il se peut que

cette perspective l'excite. Avoir sa chambre à elle. La Suisse n'aurait été qu'une répétition. Elle ne va pas s'encombrer de cet imbécile de frère jusqu'à sa majorité. Les frères restent en arrière, les sœurs vont de l'avant. Après tout, elle est plus vieille que moi.

Je fais défiler les arguments. Je suis très fort pour ça. Quand je démolis, je démolis à fond. C'est mon côté champ de bataille. À la fin, quand je suis bien malheureux, j'attrape la petite vérole comme madame de Merteuil. Encore un livre de la collection « présenté par ». Je n'ai lu que la fin. C'était une histoire en costumes, et moi, les romans historiques, ça me barbe. *Les Liaisons dangereuses*, présenté par André Malraux. Vous pensez si je connais. On parle souvent de lui à la maison. Un peu brouillon. J'ai essayé de lire *La Condition humaine*. Ce type, Cheng, ne sait pas se décider. Ça dure un temps fou devant la moustiquaire. C'est comme le chevalier Danceny. J'ai lu une de ses lettres, au hasard. Quelle nouille. Mais je ne connais pas Malraux comme les autres, les amis de mon père. Il ne va pas au cinéma avec Georges, Roger ou Olivier, le samedi à l'angle de l'avenue Victor Hugo et de la rue de la Pompe. C'est notre cinéma. Aujourd'hui, Picard Surgelés.

Je verrais Malraux pour la première fois le jour de Jean Moulin. Quand on l'a mis au Panthéon. Entre ici et le reste. Du théâtre. J'ai grandi, mais pas suffisamment pour que les amis de mon père ne me fassent passer devant : la jeunesse avant tout. Je trouve qu'ils ont l'air moins gais que pendant la guerre d'Algérie. Cette cérémonie, c'est très exagéré. Le principal, chez Jean Moulin, c'est le chapeau. La photo avec le chapeau. Mais enfin, je suis content de retrouver ma vieille amie la Résistance. Elle se défend encore, à son âge.

Oui, il est possible que ma sœur ne soit pas si triste qu'elle devrait l'être. Ou plutôt qu'elle soit triste et heureuse. Les filles font ça très bien. Il faut qu'il y ait une différence avec les garçons. Elle aura sa chambre et moi la mienne. On pourrait aussi bien me laisser à Thonon-les-Bains.

« Il vaudra mieux la fermer, dis-je. Rien de pire que les courants d'air. »

Au fond, je ne la connais pas. Pendant toutes ces années, il y a eu en elle une part qui mûrissait, secrète. Elle peut avoir aussi joué un jeu. Comme moi. Je n'en sais rien. Elle n'avait que moi sous la main. Je lui sers de brouillon. De toute façon, on est trahi. Le Connétable de Bourbon. Turenne. Marie-Antoinette. Bazaine. Je n'aurai pas raté un traître. J'aimerais que ma sœur ne figure pas au programme.

« Allons goûter », dit-elle.

C'est son côté pratique. Nous mangeons des tartines de miel sur du beurre. La cuisine est d'un genre inconnu. Il y a un réfrigérateur qui n'est pas un Frigidaire, mais porte le nom d'un général : General Electric. En tirant une manette, on a des glaçons. Nous jouons à Hollywood. Elle me demande un Martini dry. Sept contre un, c'est comme cela que mon père fait les Martini. Juste une olive. Nous jetons l'alcool dans le lavabo. Nous mangeons les olives.

Nous abandonnerons le jeu en même temps, sans nous le dire.

Il y a si longtemps que nous jouons. Tout le monde joue. Les parents aux héros. Les enfants aux victimes. Ça vaut mieux que l'inverse, qui arrive pourtant. Nous avons joué à pas mal de jeux pratiques, à des jeux compliqués. Mais le plus souvent nous sommes des personnages. Ma sœur fait volontiers l'actrice. Je suis le chauffeur de sa limousine, le résistant qu'elle ne veut pas livrer, le maître chanteur qui ne la lâche pas. Nous prenons nos sujets dans les journaux. Je n'ai jamais joué aux mousquetaires ou aux cow-boys. J'ai joué à perdre les élections, à être condamné à mort, à espionner l'ennemi. Ma sœur aime bien être la maîtresse d'un espion. Elle fume une Craven A. Elle met sa jambe en valeur. Elle a des sandales blanches.

Elle glisse la bride entre deux orteils. Elle balance la jambe. Elle prend un air lointain.

Ma mère vient me chercher. Il est temps de rentrer à Thonon-les-Bains. Elle a des larmes aux yeux. Elle est sentimentale. Je la console. Je lui dis que ce ne sera plus long.

Dans la voiture, je lis ce qu'il y a d'écrit au dos du livre que m'a donné ma sœur. Ce type, Gobineau, a été pensionnaire en Suisse.

On est deux.

Pour aller vers la plage des Galets, enfin, la base nautique de la municipalité, on peut délaisser le funiculaire et passer par des sentiers à travers une végétation un peu folle. J'ai de plus grandes jambes qu'en 1961. J'ai beau perdre du temps, zigzaguer, je suis tout de suite en bas.

Ce matin, je me suis aventuré un peu plus loin et j'ai demandé au propriétaire de la villa voisine s'il savait ce qu'était devenue Béatrice Annaz. Le nom ne lui disait rien. J'ai insisté : les gens qui tenaient le bar de la plage. Il a haussé les épaules : Ah, ces gens-là. Il n'a jamais su leur nom. On a démoli tout ça et on a rudement bien fait. Ça faisait du bruit l'après-midi et il s'y passait des choses, la nuit. Il m'a parlé des Annaz comme si c'étaient des romanichels, des Roumains comme ceux qui vous guettent aux feux rouges, aujourd'hui, à Paris.

Mais Béatrice, Béatrice Annaz ? C'était une jeune fille. Une jeune fille française. Le soir, quand elle avait les cheveux mouillés par la baignade, elle se faisait une queue-de-cheval.

Non, il ne voyait pas.

Je lui parlais d'une jeune fille. De Béatrice Annaz, qui avait dix-huit ans et qui n'existe plus que dans mon souvenir.

Il est revenu à la charge. Ces gens-là ne valaient rien. Ce ne pouvait pas être les mêmes. « Je vous jure, monsieur, des moins que rien. Des voleurs, peut-être bien. »

J'ai tourné le dos sans répondre. Je suis remonté vers l'hôtel de ville par le funiculaire. Je voyais le *Colibri* accoster au port de Rives.

J'ai marché dans les petites rues. Place Jean Moulin. Square Aristide Briand. Place Henry Bordeaux.

Ce ne devait pas être un très grand

magasin. J'étais entré tout droit. J'avais répété dans ma tête : surtout, avoir l'air franc. J'avais posé un billet sur le comptoir comme un brave garçon qu'on envoie faire les courses. J'avais demandé les photos de Monsieur Jean Racine. Autant ne pas prendre de risques. La femme du photographe a répondu qu'elle allait voir. J'ai aussitôt pris un appareil, je l'ai glissé sous ma chemise et mon pull, calé par ma ceinture. La dame est revenue. Il n'y avait rien au nom de Jean Racine. J'ai repris mon billet, j'ai remercié. C'était peut-être à un autre nom ?

En écoutant les amis de Béatrice Annaz, le lendemain de mon retour à l'Office Franco-Allemand, j'avais appris que ce serait bientôt son anniversaire. J'ai tout de suite su ce que je voulais lui offrir : une photo d'elle. J'avais mon idée sur la pose.

C'était un appareil Agfa. Une bonne idée. Un peu moins bonne quand le photographe m'a saisi par le cou. Il traversait la rue pour rentrer chez lui, il m'avait vu par la vitrine. En plein jour. Où allait la France ? Si c'était pas malheureux. Et un fils de bourgeois. Il a expliqué où allait la France à sa femme, sans me lâcher, et on est partis pour le commissariat. Il parlait tout seul. Ça ne s'améliorait pas. Nous sommes passés devant un bout de jardin public. J'avais l'appareil à la main. Il me l'avait fait sortir de mon short en disant « Et ça ? et ça ? » Je l'ai jeté dans une plate-bande. Ça lui apprendrait à faire attention à ses affaires. Il m'a lâché, il a bondi dans les fleurs et j'ai pris à gauche. Il pouvait toujours essayer de me rattraper. N'em-pêche, il faudrait que j'évite la rue Vallon pendant quelque temps. J'irais acheter le journal ailleurs.

J'ai laissé mon cœur se calmer et j'ai offert à Béatrice Annaz un exemplaire de *L'Express* sur les maillots de bain. À côté, le visage de Jean-Jacques Servan-Schreiber paraissait grave et résolu. J'avais coché le modèle que j'aurais voulu voir porter par Béatrice Annaz. Elle a souri et elle m'a embrassé. Elle m'a invité à son anniversaire, à la plage des Galets.

Elle voulait bien téléphoner à mes parents pour les rassurer. Je ne rentrerais pas tard.

Je lui ai dit que cela ne poserait pas de problème. Nous avons regardé *Aventures dans les îles*. Je lui ai demandé quel modèle de maillot elle préférait. Elle m'a retourné la question. Pourquoi avais-je choisi ces carreaux vichy bleus et blancs, cette culotte avec un nœud de chaque côté ? J'ai dû rougir comme un imbécile.

Elle a soupiré.

« Tu crois que je serais bien là-dedans ? Il n'y en aura jamais ici. Il faudrait aller à Paris. Tu as de la chance. »

Je ne trouve pas. Je donnerais n'importe quoi pour rester cet hiver avec Béatrice Annaz. Je m'installerais dans la baraque de la plage des Galets. Je rentrerais les pédalos. J'accompagnerais Béatrice Annaz jusqu'à son lycée. Elle ne poserait pas de questions. Elle n'en pose jamais.

Jean-Jacques Servan-Schreiber se demande si le général de Gaulle est vraiment démocrate, et Françoise Giroud si le maillot une-pièce ne va pas faire son grand retour.

Il y aurait une solution. Aller à l'Institution Saint-Joseph demander ce qu'est devenue Béatrice Annaz. Mais c'est l'été. Il n'y a personne. Elle a certainement passé son bac. Elle s'est mariée. Un des types de sa bande, à la plage des Galets. Ou bien le garçon à la Triumph Herald Week-end. Un Savoyard. Un sportif qui l'emmène faire du ski là-haut, près du Mont-Blanc. Je ne sais pas pourquoi, mais je pense qu'ils tiennent un commerce quelque part sur les bords du lac. À moins qu'ils ne se soient jamais réconciliés.

Le jour de l'anniversaire de Béatrice Annaz, ses copains lui avaient fait une surprise. Il y avait un hors-bord amarré au ponton de la plage. Elle a battu des mains, elle est allée se changer.

Elle est revenue en maillot. Elle est entrée dans l'eau, ç'a été assez compliqué.

Le hors-bord est parti doucement, puis il a accéléré. Elle est sortie de l'eau, elle se tenait bien droite. Ils sont partis en laissant un sillage, et bientôt ils n'ont plus été qu'un point sur le lac. Depuis, elle est associée pour moi à l'idée du ski. Ce genre de choses qu'on ne sait pas faire mais dont d'autres ont reçu la grâce en naissant.

Sans doute a-t-elle des enfants. Je me demande comment elle se comporte avec eux. S'ils regardent des séries télévisées.

« Capitaine Troy ! Viens danser avec moi ! »

Ce soir-là, le soir de son anniversaire, je n'ai pas voulu. Je sais très bien la taille que j'ai. Je lui dis que je n'aime que les slows. Elle rit. « Plus tard, alors. » Il y a une quarantaine de garçons et de filles. Ils dansent sur la terrasse. L'ami de Béatrice Annaz, le type à la Triumph Herald Week-end, est au bar. Il sert à boire, change les disques sur l'électrophone. Il fait doux. Je vais sur la presqu'île, mais il y a des couples qui s'embrassent. Une fille dit non dans la nuit. Je reviens vers le bar.

« Tiens, prends ma place », me dit l'ami de Béatrice Annaz.

C'est plus calme à présent. Ils dansent des slows. Je change les disques au hasard. Ça frotte. Je sers aussi à boire, des doses de déménageurs. Le whisky s'appelle *Long John* ou *White Horse*. Les couples remuent sur place. Je change de disque, je me trompe exprès. *Apache*, des Shadows. On me hue. Je mets un truc qui colle. Opération ventouse.

Les filles sont molles dans les bras des garçons.

Je pose les bouteilles sur le bar, avec des verres. Je choisis un trente-trois tours de Dean Martin. À Genève, on trouve tout ce qu'on veut comme disques américains tout frais. Ils se débrouilleront.

Je me recule dans l'ombre du bar, là où il n'y a pas de lampe allumée. J'ouvre doucement la porte du living-room. Il fait noir. Du monde s'agite sur le lit. S'agiter n'est pas le mot. Du monde se tourne sur le lit. Je ne bouge pas. Je guette leur souffle, leurs mouvements. Je sais qui c'est. Alors j'entends la voix de Béatrice Annaz :

« Est-ce que je l'ai prouvé, maintenant ? »

J'allume.

Ils ne sont pas nus. Béatrice Annaz a ôté son soutien-gorge. Je vois aussi que son pantalon de toile est ouvert. Le type est rouge. Sa queue sort de sa braguette. Rien d'étonnant. Pas compliqué de savoir ce qui se passe. Il suffit d'avoir de bonnes lectures dans la collection « présenté par ».

Je les regarde bien dans les yeux. Je dis « À votre santé ». Puis j'éteins la lumière, je sors, je referme la porte.

Je reviens au bar. Il y a moins de monde à danser. Ça s'agite là-bas, dans la réserve à matelas. Ou plutôt ça remue.

Je change leurs disques. Je leur donne à boire pour se remonter.

Bientôt, je suis le seul à la verticale. Je

m'endors sur un tabouret, appuyé à une grande réclame : *Buvez Get 7.*

Quand je me réveille, ils sont partis. Même le type à la Triumph Herald Week-end. Il n'y a que Béatrice Annaz qui ramasse les verres.

« Tu veux quelque chose de chaud, Capitaine Troy ? »

Elle fait du chocolat avec son percolateur.

Il ne fait pas tout à fait jour, mais à côté d'un lac la nuit est plus mince. C'est difficile de faire la différence.

J'ai vraiment sommeil. Ça doit se voir. Béatrice Annaz range le dernier matelas. Elle revient vers moi. Elle me passe la main dans les cheveux. Elle me soulève de mon tabouret. Elle m'emporte dans le living-room. Elle me dit de dormir. Dans le noir, je sais qu'elle retire son pantalon de toile, son chemisier. Elle s'étend près de moi. On ne se touche pas. On dort.

Je suis passé devant l'Institution Saint-Joseph mais comme je le pensais il n'y a que la porterie d'ouverte. Par l'avenue du Léman et le chemin de la Fléchère, je suis descendu vers la plage municipale. « *Baignade en piscine et dans le lac. Trois bassins chauffés, dont un olympique.* » J'ai bu un verre dans un café du bord de quai. Je me suis dit que je m'étais peut-être trompé. Béatrice Annaz n'allait sans doute pas à l'Institution Saint-Joseph, mais au Sacré-Cœur, sur l'avenue de la Libération. On devait encore séparer les garçons des filles, à cette époque.

J'ai pensé aussi à ce que j'avais pu mettre dans mes livres, qui viendrait de 1961. J'ai fait comme ces gens qui, parce qu'ils connaissent un écrivain, croient se reconnaître dans un roman. Sauf que c'était moi, l'écrivain. J'avais l'impression de ne pas me connaître.

La journée s'avançait. Comme la veille, je n'ai pas voulu dormir à Thonon-les-Bains. Je suis allé à Évian. Là où il y avait tant de policiers, autrefois. Je n'ai pas trouvé de chambre dans un bon hôtel. Il y avait un festival de musique et ce violoncelliste répandu, Rostropovitch. J'ai fait le tour du lac et je suis allé dormir à Lausanne. En cherchant un peu, j'aurais peut-être retrouvé la villa où j'avais pique-niqué avec mes parents et ma sœur, cette année-là. Mais je n'avais pas envie de chercher. J'étais certain que rien n'avait changé. Pas davantage que le garage Franco-Suisse, à Thonon-les-Bains.

Il y a eu du grabuge à l'Office Franco-Allemand. J'ai failli écrire l'Institut Franco-Allemand. Ç'aurait été amusant. Mais on ne fusille pas les garçons de douze ans.

Les élèves en prenaient vraiment trop à

leur aise. La municipalité a protesté parce que les Allemands se tenaient mal, à la piscine. Les Français suivaient les cours, allaient sagement, l'après-midi, au château de Ripaille ou à Chillon. Je n'ai pas l'impression que l'amitié réciproque ait beaucoup progressé. On a commencé à faire des appels, à placer les élèves devant leurs responsabilités. Ça n'a pas marché davantage. Personne ne voulait collaborer.

Je suis passé au travers. Ils me voyaient si peu. C'était l'avantage de ne pas être le plus calé en allemand.

On nous a demandé d'écrire ce que nous pensions de l'Allemagne, pour les Français, et de la France, pour les Allemands. J'ai commencé : l'Allemagne est un pays de 248 708 kilomètres carrés, etc. Je n'allais pas dire ce que j'en pensais. On sait comment ça finit. J'ai juste ajouté que les Allemands étaient un grand peuple parce qu'ils étaient allés jusqu'à Moscou. C'était l'opinion du général de Gaulle, qui l'avait dit à mon père quand ils étaient allés voir Staline.

L'encadrement de l'Office Franco-Allemand était composé de Français et d'Allemands aussi équitablement que la commission de Wiesbaden. Pourtant, je n'ai pas eu le succès escompté.

J'étais peut-être trop calé en histoire. Il faudrait apprendre à oublier. Croire ce qu'il y a dans les journaux. Ce n'était pas une bonne amie, la commission de Wiesbaden, pour un garçon de douze ans.

Et ce n'est pas une nourriture pour les enfants, les sandwiches au pâté.

Béatrice Annaz a l'air triste. Je crois qu'elle s'est fâchée avec son petit copain. Je ne la vois plus, le soir, au glacier le Milord. Ni au cinéma de l'avenue d'Évian où je passe avant la séance pour voir qui va entrer. Je verrai tout seul *Maigret et l'affaire Saint Fiacre* de Jean Delannoy. J'aime bien Jean Gabin : « On peut avoir l'esprit chrétien et le mollet nerveux. » C'est quand Maigret cuisine le jeune prêtre au regard mystique.

Un jour j'irai chez des gens à la campagne dans la maison où est né Simenon. Je verrai l'étang Notre-Dame et j'entendrai le bruit des feuilles gelées quand le vent les chasse sur la place de Paray-le-Frésil.

Il n'y a pas eu d'autre après-midi de ski nautique.

Le plus souvent, je regarde seul les *Aventures dans les îles.*

Je fais des progrès en allemand : je sais dire *nix.*

La bande de la plage des Galets se déplace vers le tennis-club. Il y a une compétition. Sur un tableau de bois, le nom des joueurs est écrit avec des accolades compliquées pour qu'il y ait un vainqueur à la fin. Il y a aussi des chiffres pour indiquer que le joueur est classé. À droite, le tableau des filles. À gauche, le tableau des garçons. En dessous, le tableau des doubles mixtes.

Il y a un vieux tennis chez nous, à la campagne, mais sur de l'herbe. Pour la première fois, j'entends le bruit mat des balles sur la terre battue.

Le petit copain de Béatrice joue en dérapant, en glissant, en sautant. Il faut être juste, il gagne aussi. Je vais m'asseoir sur les gradins de béton. On me prend pour le frère de quelqu'un, dans la bande.

Le genre emmerdeur qui ne lâche pas les grands. Mais comme je ne parle à personne, on s'en fout.

Je me demande si Béatrice Annaz ne s'est pas fâchée à cause de moi. Quand je suis entré dans le living-room, derrière le bar, la nuit de son anniversaire J'espère que oui. Ce type n'est pas fait pour elle. J'ai rudement bien fait d'intervenir. Je vais m'asseoir derrière elle. Je la surveille. Elle est en jupe. Elle a intérêt à montrer ses jambes. Pourtant, j'aime ces pantalons étroits.

Elle est inscrite. Elle va jouer. Les filles font des grands mouvements comme ma sœur. Il y en a de deux sortes, les pataudes et les rapides. Béatrice Annaz est une rapide. Elle gagne. Son type a gagné aussi. Ça devrait les conduire au double mixte. La situation sera intéressante.

Ensuite, c'est arrivé tout seul.

« Encore toi, me dit le type de Béatrice Annaz.

– Fiche-lui la paix. »

Elle a répondu comme au tennis. Elle a un bon revers, cette fille.

Nous revenons à pied vers la plage des Galets. Il n'y a presque plus de clients. Le Capitaine Troy a des ennuis avec sa cargaison. Je bois de la citronnade en bouteille. Béatrice Annaz pose sa raquette, sa boîte de balles. Elle a une jupe qu'on ouvre comme une boîte de conserve, en tirant sur le côté. Ça la découpe en deux : le haut avec sa chemise à manches courtes, le bas avec sa culotte, ses chaussettes et ses chaussures.

Elle s'assied sur le canapé-lit. Elle a l'air préoccupée. Comme si elle se concentrait à mort pour pleurer. Les filles n'ont souvent qu'une idée à la fois. Elles sont tellement plus fortes, à cause de ça. Elle enlève ses chaussures, ses chaussettes. Elle enlève sa chemise à manches courtes. Elle détache son soutien-gorge. Elle se lève, elle baisse sa culotte et l'expédie d'un coup d'orteil. Le genre de truc que je serais incapable de faire. Elle est découpée en deux couleurs. Elle a des larmes dans les yeux ; je le sais parce qu'elle regarde droit devant elle, comme toutes les filles quand elles pleurent.

Elle défait sa queue-de-cheval. Elle secoue la tête. Elle va prendre sa douche.

Je ne compte pas.

Il n'y a qu'un rideau. Elle ne le tire pas Elle lève la tête vers la pomme de douche. Le front au ciel. Elle tourne pour que l'eau aille partout. Je ne sais plus si elle pleure. C'est l'avantage des douches, on peut pleurer à l'abri.

Elle pose un pied rose sur le linoléum. Elle se sèche. Elle a des cheveux comme un savant fou. Je regarde bien. Et son regard croise le mien. Elle voit ce que je regarde. Les hauts, je connais. J'ai une sœur. Mais le bas ?

Elle a l'air sérieuse, comme si elle prenait une décision. Elle s'approche. Je me lève mécaniquement. Je suis pile à la bonne hauteur. Si elle me fichait une baffe ?

Elle est tout près.

« Regarde », dit Béatrice Annaz.

Le lendemain c'était le jour du match en double. À la sortie du cours, on m'a prévenu de préparer mes affaires. J'ai rempli mon sac à dos. C'était un cadeau de ma marraine qui voulait que je sois scout. Ça n'était pas près d'arriver. J'ai regardé ce dortoir où nous étions séparés par des boxes, avec des rideaux de toile que personne ne tirait. Si c'est ça l'armée, ça n'est pas près de m'arriver non plus.

J'ai mis sur le dessus du sac le livre que m'a donné ma sœur.

J'avais dû me faire pincer. Je n'étais pas grand, mais quelqu'un avait dû s'apercevoir que j'existais. J'ai pensé descendre l'avenue, prendre le bateau de la CGN qui me mènerait à Nyon, par Anthy-sur-Léman,

Excenevex et Nernier, mais je n'avais pas de passeport. Avec tous ces policiers partout.

Je décide de filer à la plage des Galets. Je passerai par derrière, par le vasistas. Je me cacherai dans le living-room.

Deux cents mètres plus bas, mes parents arrivent en voiture. Ma sœur est à l'arrière. « Tu nous guettais », dit ma mère. Elle est émue. Ils m'ont fait la surprise. Nous rentrons à Paris. Je monte à l'arrière avec ma sœur. La voiture roule sous un tunnel. De l'autre côté je sais que je ne retournerai pas à Thonon-les-Bains. Je me colle le front à la vitre. Je compte les poteaux du téléphone. Je pense au match double mixte.

Vais-je écrire à Béatrice Annaz, plage des Galets, chemin de Corzent, Thonon-les Bains, Haute-Savoie ? Je signerai Capi-taine Troy.

Les poteaux défilent. Mon père parle de son ami Georges qui lui a dit de se méfier de Couve : « Il a des mains d'étrangleur. »

J'avais oublié. Je m'endors. La guerre est finie.

Personne ne m'a plus appelé Capitaine Troy. Je ne suis pas retourné à Thonon-les-Bains. Je n'ai jamais revu Béatrice Annaz. Nous avons emménagé dans un appartement ni bien ni mal dont les meubles ne nous appartenaient pas. Nous y sommes restés trois mois pendant lesquels j'ai lu la série des *Flicka*. J'aimais assez Ken MacLaughin parce qu'il lui arrivait toujours des catastrophes. Il n'avait pas de pince pour réparer les clôtures ou il cassait sa bride. Son père avait du mal à joindre les deux bouts. Sa mère jouait du piano. Ken tuait un taureau dangereux. Il était en rivalité avec son frère Howard, mais là, je ne suis pas compétent. Je n'ai pas de frère. Tout a bien marché jusqu'à ce que Ken tombe amoureux. Elle s'appelait Casey. L'intérêt a beaucoup faibli.

C'était encore l'été. Ma mère dormait dans sa chambre. Elle lisait, fumait des Craven A. Le soir, elle retrouvait mon père. Ils dînaient dehors. C'était le mois d'août à Paris. Ils trouvaient tous cela merveilleux, sauf pour les courses. Il a fallu attendre septembre pour m'habiller de neuf chez Mamby, avenue Victor Hugo. Ma sœur est allée chez Dominique, à la Muette. Je n'ai plus eu de culotte courte, mais deux pantalons gris. Le vendeur a dit : « Il est grand pour son âge. » Ma mère me regarde avec stupéfaction.

Il y a un dîner à la maison avec les amis de mon père, sans les femmes qui sont encore au bord de la mer. Ma mère serait bien partie elle aussi mais nous sommes fâchés avec le reste de la famille à cause du général de Gaulle. Il a condamné d'autres généraux à mort : Salan, Jouhaud, Gardy, et des colonels : Argoux, Godard, Broizat, Gardes et Lacheroy. Il y a aussi un commandant, un seul : le commandant Vailly. J'ai la liste dans ma chambre. Je l'ai découpée dans le *Figaro*. D'après Georges, le Général veut faire exécuter les condamnés. Bien fait. « Il est vindicatif, il l'a toujours été », dit Michel qui cite Léon Blum : « Cet homme est sans amour. » « Salan s'en sortira. Si on fusille Jouhaud, je démissionne », dit Georges. Michel le regarde avec envie.

Mon père dit que Michel aurait voulu démissionner lui aussi, à cause de l'Algérie, mais qu'il n'a pas osé, alors que Georges s'en foutait. Il est premier ministre. Il a remplacé Michel. Il fume ses américaines, il parle des films qu'il a vus, des livres qu'il faut lire. Il est venu en Porsche, suivi par ses gardes du corps qu'il sème sur les petites routes. Je lui demande ce qu'il pense de *Flicka*. Il ne connaît pas, il note le titre. Son livre à lui, quand il avait mon âge, c'était *Kim*. Il récite un poème. Il est question de devenir un homme. Il y a quelque chose chez lui qu'on ne peut pas atteindre.

Les journaux disent qu'il est raisonnable. Je sais bien que non. Il est têtu, et sûrement triste aussi. Je ne sais pas pourquoi. À l'*Aurore*, on ne manque jamais de rappeler qu'il était directeur chez Rothschild. Les Français sont à plat ventre devant les Rothschild, pas devant leurs directeurs. Georges est mon préféré parce qu'il ne fait pas de chichis. Un jour, je verrai son ami Olivier, place du Palais-Bourbon, dans un immeuble qui appartient à Josée Laval, avoir des larmes dans les yeux en parlant de lui.

Nous sommes gardés mais en principe il n'y a plus d'attentats. Jusqu'au soir où on montre la DS du général de Gaulle au journal télévisé. Un polytechnicien a tiré sur le Général au pistolet-mitrailleur. Il y a comme une émotion. Il l'a raté. Bon cœur mais mauvais tireur.

La bande est prise. Le colonel Bastien-Thiry a une femme qui connaît tout le monde. Les avis ne sont pas partagés. De

Gaulle n'a rien. Il devrait pardonner. N'importe quel roi fait ça. Pas Napoléon, bien sûr, qui ne sera jamais un roi. Ni de Gaulle. Il préfère fusiller. Le ton monte à la maison. Ça me rappelle la bonne époque de la Libération, mais le colonel est jeune, il est beau, il n'a rien de commun avec les types de Vichy. J'aimerais bien le sauver. Sa femme vient à la maison avec une pétition, il y a du téléphonage dans l'air, mais je préfère ma méthode : l'échelle de corde, la lime dans le chocolat.

Avec ma mère je prends le métro, je vais à la prison de la Santé que je connais par cœur. Notre dentiste habite à côté, au parc Montsouris. Un dentiste, ça ne s'abandonne pas comme ça. Le nôtre a déménagé. Nous traversons Paris pour une couronne.

Les murs sont hauts. Il y a des gardes mobiles. Saletés de gardes mobiles.

Ça n'arrange pas nos affaires, que Bastien-Thiry soit fusillé. La famille nous bat froid. Nous n'avons plus d'endroit où aller en vacances. C'est normal. Ils n'arrêtent pas de perdre. Je parle des grands-parents, des oncles et des tantes. Il y a si longtemps qu'ils n'ont pas marqué de but. Tant mieux. Je les liquide. Je n'en veux plus.

Nous n'avons rien à faire. Ma sœur écoute des disques sur son électrophone. Je classe ma collection de « présenté par ». Je n'ai pas tout lu, bien sûr. Je commence *La Princesse de Clèves*, présenté par Louise de Vilmorin, une amie de maman qui l'emmène faire des courses dans les grands magasins et l'oublie régulièrement. Après elle téléphone au Printemps pour savoir si on n'aurait pas trouvé une blonde. Dans *La Princesse*, on ne couche pas. Je n'y comprends pas grand'chose de plus qu'aux filles.

Ma sœur doit travailler si elle veut être acceptée en classe de seconde. Je lui fais réviser son français, son histoire. Elle me semble assez légère sur Clément Marot, Maurice Scève. Elle soupire, jette son

Rabelais de la collection des Classiques Larousse sur mon lit. Je lui fais miroiter Félix Guirard, Léon Lejealle, qui dirigent la collection. J'énumère la Notice biographique, la Notice historique et littéraire, les Notes explicatives, les Jugements, le Questionnaire et les Sujets de Devoirs rédigés par Chappon et Pons, agrégés des Lettres. Je récite : 1546, mort de Luther. 1533, du Bellay à Rome. J'ai une mémoire affligeante. « Si tu passais l'examen à ma place ? » dit ma sœur.

Ça n'irait pas. Je suis nul, en fille. Plus tard, en troisième, je jouerai *Bérénice*. Ça sera moi, Bérénice. Je me casserai la figure sur mes talons. Je m'accrocherai au cou de Titus. Je perdrai mes faux seins. On n'aura jamais vu une reine de Palestine aussi bancale. Mais je comprends ce que ma sœur veut dire. À partir de la quatrième les programmes ne sont pas faits pour les filles. On ne peut pas leur demander de s'intéresser à Lucien de Rubempré, à la cathédrale gothique. Elles ont d'autres choses à faire : il faut qu'elles se mesurent tout le temps. Tous ces centimètres qu'elles prennent dans tous les sens.

« Oui, mais Rabelais », dit ma sœur lamentablement.

Elle n'a pas tort. C'est sinistre. L'amusement obligatoire. J'aurai la même impression quand on voudra me faire lire *Zazie dans le métro*. Un truc de fonctionnaire.

Elle laisse tomber. Elle me dit : « Je fais l'impasse. » J'entends pour la première fois cette expression. Nous en prendrons l'habitude.

Elle m'apprend à danser le rock. On dit le trois-trois-deux. Je lui fais remarquer que c'est moi, le garçon impossible qui se fait renvoyer de partout. Ça ne sert absolument à rien de lire. Je suis bien placé pour le savoir. Le jour de l'examen, il lui suffira de prendre un air ému. D'ailleurs ça ne sera pas un vrai examen. Juste quelques noms jetés en l'air. Elle sera seule avec un professeur, peut-être la directrice de l'Institution la Tour. On mettra son hésitation sur le compte de notre vie décousue. Avec tous ces événements, comment voulez-vous que ces enfants ne soient pas intimidés ? On dira intimidés devant nous, pour ne pas dire déséquilibrés.

Nous répétons la scène. Ma sœur reprend confiance. Je lui raconte une histoire. Plus tard je continuerai.

À la fin de l'été j'ai mis de côté pas mal de livres et j'ai relu onze fois *L'Île au trésor.* Et dix-sept *Blake et Mortimer.* Je ne dis pas Olrik, mais Orlik. Encore un effet de ma vie sexuelle : je prononce à l'envers.

J'écris « à la fin de l'été » parce que se profilent ces sujets graves : la rentrée scolaire, la nouvelle jeune fille, que faire des enfants le week-end. Je passe moi aussi un examen pour entrer au petit Franklin. Je rate exprès pour ne pas aller dans la même école que ces cousins dont les parents sont fâchés avec les miens.

Ma mère sort du petit Franklin avec

une mine soucieuse. Elle a raison. À la fin de septembre le lycée qui m'a accepté refuse de me garder : je suis fugueur. Ils en ont assez de me chercher partout sans comprendre comment j'arrive à sortir de l'établissement. C'est assez simple : je passe par la porte de la rue Descamps pour entrer et immédiatement par celle de la rue de Longchamp pour sortir. J'ai juste deux cours à traverser entre deux sonneries. Je tourne dans le quartier, comme un de mes personnages qui s'appellera Paul, dans *Madame est morte*. Je connais tous les jardins, les villas, les anciennes écuries à chevaux.

Consigné dans ma chambre, je refais le chemin de l'Office Franco-Allemand à la plage des Galets, à Thonon-les-Bains, rien que pour ne pas oublier les noms. Mais déjà je me demande si l'École Hôtelière était bien au 2, boulevard de la Corniche, et la villa des Fleurs au 4 de la rue des Jardins, juste avant le magasin de sport L'Élan Nautic. L'histoire que je me raconte n'est plus celle que j'ai vécue, et pourtant c'est la mienne. Je n'ai pas besoin de fermer les yeux pour bien voir Béatrice Annaz au moment où elle s'approche de moi après m'avoir dit « Regarde » dans le living-room du bar-restaurant. Je les ferme. Je compte jusqu'à dix. Je prononce plusieurs fois mon nom, et ça ne me dit rien.

Mon père se reproche mes fugues, mon incapacité à rester avec les autres. Il dit (je l'entends le soir parler avec ma mère, de cette voix particulière qu'ont les adultes quand ils pensent que leurs enfants sont endormis) que la vie que nous menons est responsable. Ma mère proteste : et la France ? Qui s'en occuperait ? J'aimerais tellement leur dire que je n'ai aucune importance. Les parents, il faut toujours les réconforter.

Nous n'avons pas la télévision dans cet appartement. Je n'ai plus de nouvelles du Capitaine Troy. Il est sûrement dans un port à réparer quelque chose. Peut-être le bas d'une blonde.

Je vais avoir treize ans. Il est possible que je sois mal parti. Suis-je condamné d'avance ? Je ne sais pas si mon père a raison. Je n'ai pas d'idées générales sur l'enfance. Je n'ai pas d'idées générales du tout et je n'en aurai jamais. Peut-être serais-je différent si nous habitions quelque part, que j'y aie grandi, qu'un jour j'y sois presque aussi grand que la porte de ma chambre. Mais ce n'est pas sûr. Je n'ai rien gardé de 1961, sauf ce nom, Béatrice Annaz. Et je sais ce que j'étais à douze ans. Un inconnu.

Un jour, j'ai failli acheter un cabriolet Austin Healey 3000, crème, un modèle rare avec deux places minuscules à l'arrière. Je suis allé à l'exposition avant la vente au Palais des Congrès de la Porte Maillot avec un ami journaliste d'Europe 1. Il connaissait le commissaire-priseur. C'était la voiture de Bastien-Thiry. Sa femme l'avait gardée. Elle se décidait à la vendre. Le nom de Bastien-Thiry était écrit en tout petit dans le catalogue. Ils ne savaient pas si c'était un avantage. Je n'ai pas insisté. Je ne suis pas resté aux enchères. Je ne l'ai pas achetée parce que je ne veux pas que toutes ces histoires continuent à me suivre. Ces fichues histoires de France. Je ne veux être personne d'autrefois. En écrivant de nouvelles histoires, je veux juste sentir le rouge qui m'est monté aux joues quand j'ai regardé Béatrice Annaz.

Je ne me présente pas. Ma devise ? Le franc suisse. Je ne veux être personne. Dans ma chambre d'un appartement de fortune à Paris, à la fin de cet été-là, je n'étais qu'un petit garçon occupé à lire. On me dira : ou bien tu restes allongé et tu lis, ou bien tu es assis et tu écris. Je ne savais pas ce qu'on allait faire de moi. Je serais bien resté dans ma chambre. Ma sœur serait venue me voir. On aurait parlé d'autre chose. Plus tard, je ne garderai pas les articles qui me concerneront. La plupart du temps, je ne les lirai pas. Je ne m'aime déjà pas beaucoup. Inutile d'en rajouter. Je veux n'être personne pour les autres.

Je n'ai pas bougé depuis 1961. Je n'ai pas de carte d'identité. Je lis toujours les journaux, comme ceux que j'achetais à tour de rôle à la Maison de la Presse de Thonon-les-Bains. J'écris des histoires où il y a des sœurs. Dans *La Grande Forme,*

Doug aimerait bien que Calhey soit sa sœur. Naturellement, ça n'empêcherait rien. Je garde peu de livres et je relis les mêmes. Je n'aime toujours pas les livres illustrés. Je ne suis pas non plus bibliophile ; les vieux trucs me dégoûtent. En 1961, mon père m'a donné *Le Vent dans les saules* de Kenneth Grahame, dans la Bibliothèque du petit Français à la Librairie Armand Colin. Il m'en a aussi donné une édition en anglais : *The Wind in the Willows*, en me disant de perfectionner mon anglais : « *Improve your english.* » J'ai lu l'histoire du Rat et du Blaireau. Ma sœur, si nous avions joué, aurait été la Taupe. Gratte, grogne. *Scratch, grunt.* Mais à l'été 1961 nous ne jouons plus. C'est déjà trop tard. Je suis seul dans ma chambre à lire *The Wind in the Willows* et *Alice au pays des merveilles* dans l'édition Delagrave. Une librairie de la rue Soufflot. Des livres qui venaient certainement de chez mes grands-parents, les autres, du côté de mor. père. Ceux que je n'avais pas connus. Qu'est-ce que mon père faisait, pendant la guerre, chez les Anglais ? Je sais qu'il a des décorations anglaises. Dans la famille, c'est uniquement à titre militaire. Il n'en a jamais parlé. Je ne sais même pas lesquelles.

Ma sœur entre dans ma chambre. Elle a été prise à la Tour. Elle porte un uniforme avec une jupe plissée. Elle est effondrée, à cause de la jupe.

« Qu'est-ce que tu en penses ?

— Fais-toi renvoyer.

— Je ne saurai pas. »

Il faudrait que je m'en mêle. Je n'ai pas le temps. Elle est déjà partie voir avec sa mère ce qu'on peut faire de cette jupe.

Ma mère a rit. Elle a pris des ciseaux.

C'était l'année où ma mère et ma sœur ont commencé de rire ensemble.

Je n'ai jamais pu revoir un Riva sans penser au lac Léman. C'est malin quand on est à Saint-Tropez. Ça me donne envie de mettre un pull. Et de temps en temps

je dis à voix haute, quand je suis seul :
scratch, *grunt*. Gratte, grogne. C'est tout ce
qui me reste, avec le ventre blond de
Béatrice Annaz, de cet été 1961 où j'ai écrit
ma première histoire. La sienne.

En octobre je sais pourquoi je dois améliorer mon anglais. Je vais partir chez des amis de mon père. Des gens qu'il a connus pendant la guerre, en Angleterre. Ils s'appellent Davis. Mais peut-être est-ce un pseudonyme ? Il y a pas mal de gens qui ont gardé le nom qu'on leur avait donné à cette époque.

Je ne frime pas. Je vais partir par le bateau de Cherbourg pour un pays où il n'y a pas de vacances sauf à Noël. En gros, c'est ça.

Ma sœur n'ajoute pas que c'est bien de ma faute. Tout le monde a l'air de s'excuser. Ma mère de n'avoir pas dit non. Ma sœur de rester. Mon père d'avoir eu l'idée. On me sourit tout le temps. Et moi plus fort que les autres.

Je pourrai lire les livres que j'ai mis de côté. J'aurai le temps. Je les lirai en français, bien sûr. Il faut rester fidèle à sa réputation.

Au téléphone ma mère dit que ce sera de toute façon mieux, pour un petit garçon, que de vivre dans une maison gardée par des gendarmes. Surtout si elle change tout le temps. Les gendarmes changent aussi. À Paris, ce sont des policiers en civil. La concierge les dénonce au commissariat du XVIᵉ. Elle regarde trop les Actualités. Bientôt Delphine Renard sera défigurée par une bombe chez André Malraux, 18 avenue Victor Hugo. C'est dans le quartier. Elle a quatre ans. Pour le moment, *OAS vaincra*. C'est sur les murs. Ma mère veut que nous quittions Paris, ma sœur et moi. Finalement, ma sœur reste. Je serai seul à partir. On ne peut pas compter sur moi, avec mes fugues. C'est trop dangereux. Et puis mon père va repartir. Ma mère tremblera pour lui. Elle ne va pas trembler pour deux. Il n'y a pas de place pour moi : c'est une fille à n'aimer qu'une personne à la fois.

Mon père est en Allemagne. Les Russes construisent un mur à Berlin. C'est bien ma veine. Ça m'aurait servi, d'apprendre l'allemand. Il retourne à Évian.

Dans la rue, les Algériens tournent la tête quand nous allons au zoo de Vincennes avec nos anges gardiens. Un soir, mon père s'énerve au téléphone. Il dit qu'il serait temps qu'un de mes oncles arrête de faire l'imbécile. L'OAS n'a vraiment pas la cote à la maison. Il semble que la guerre ne veuille pas finir, bien que mon père dise à ma mère qu'il n'ira plus en Suisse. Désormais, la négociation sera officielle. Chez ma marraine, je regarde Louis Joxe à la télévision. Mon père dit qu'il n'a qu'une passion, les jolies femmes. Ma mère rit. Il lui a fait la cour. Elle rit encore, téléphone et nous regarde avec des yeux distraits. Elle écoute des chansons d'Aznavour. Elle est trop jeune pour nous.

Vincennes est triste. Deux pièces par

étage. Je n'aime plus les rois. Ils se sont laissé couper le cou. Louis XVI n'était qu'une couille molle. Quand on pense qu'en mettant cinq cents types par terre le 10 août, il liquidait la Révolution. C'est bien fait pour lui parce que je n'aime pas les châteaux vides. À Pierrefond, j'ai même peur. Je trouve le moyen de me perdre près de la Galerie des Preuses. Le soir tombe. Cette fois, j'aimerais bien qu'on me retrouve. J'y retournerai en 1982. Il n'y aura pas plus de monde. C'est idiot, mais je ne serai pas plus rassuré.

Je ne sais rien de moi. Je ne veux plus apprendre l'histoire. Et surtout pas la géographie. Dans mon dictionnaire Larousse de 1961, les pays sont de différentes couleurs. Il y a une double page pour les drapeaux. C'est à voir de loin, comme des gâteaux dans la vitrine d'un pâtissier. Le rose, le vert. Il y a des légendes. On vous résume en dix lignes. Le mieux qui puisse m'arriver, c'est un résumé. Mais pas maintenant, c'est inutile.

Je n'aurais eu que des bouts de moi à emporter chez les Davis. Autant les laisser à Paris. Je vais jouer un mauvais tour aux autres : je n'aurai jamais de biographie. La seule qui pourrait parler est ma sœur. *Sa Vie jusqu'à l'âge de treize ans*, présenté par sa sœur.

Mais elle ne parlera pas. Elle aura vite oublié, puisque je la perds. Je me perds avec elle. Elle ira à la Tour. Elle ne me dira plus : « Toi, le jour où tu cesseras de lire... » Je n'aurai plus jamais le bonheur et la peur de l'écouter dormir. Il y aura simplement, sur la Terre, quelqu'un qui me connaissait et qui m'a vu grandir.

www.ingramcontent.com/pod-product-compliance
Lightning Source LLC
LaVergne TN
LVHW010536060726
842525LV00013B/3110